DVDでわかる

アダム徳永のスローセックス

—最高のエクスタシー術—

アダム徳永 著

日本文芸社

DVDでわかる アダム徳永のスローセックス
—最高のエクスタシー術—

CONTENTS

アダム徳永

あだむ・とくなが

名古屋芸術大学卒業後、渡米。現地の出版社に就職し、イラストレーターとして活躍する傍ら、1988年、ロサンゼルス市が発給するマッサージテクニシャンの資格を取得。人体の神秘に魅せられていく。帰国後の1991年、『M&Wオーガズム研究所』を創設。14年の歳月と1000人以上の女性との実践的フィールドワークを経て、最高のエクスタシーが得られる新技法・アダム性理論を確立。女性の性メカニズムに合わせたそのスタイルを〝スローセックス〟と命名。スローセックスの生みの親となる。2004年、東京・六本木に、日本初、世界にも類を見ないスローセックスを教える学校『セックススクール adam』を設立。以来、予約3ヵ月待ちという人気に。誤解だらけのセックスの仕方と、男女の幸せをサポートするべく、スローセックスの啓蒙に従事。著書は『スローセックス　彼を虜にする愛の教科書』(日本文芸社)ほか、『直伝DVD版　アダム徳永のスローセックス　はじめてのアダムタッチ』『実践イラスト版 スローセックス完全マニュアル ふたりタッチ編』(講談社)など多数。海を越えた台湾でスローセックスブームを巻き起こしている。

●ホームページ
http://www.adam-tokunaga.com/

●ブログ
http://ameblo.jp/adamt/

愛と官能の世界へようこそ

　愛し合う男女によるセックスはまさに〝究極の愛の表現〟であり〝究極の愛の行為〟です。お互いが本当に満足できるようなセックスができれば、遊園地や温泉といったどんなデートスポットに行くよりも楽しく、どんな恋愛映画を観るよりも感動的で、どれほど高価なプレゼントにも替えがたい、真の幸福、生きている悦《よろこ》びを与えてくれます。

　スローセックスは、すればすれほど、どんどん愛が深まっていくセックスです。しかし、それを実現させるためには、みなさんに正しい知識と技術をしっかりと学んでいただく必要があります。なぜなら、世の中に流《る》布《ふ》しているセックスの常識は、あまりにもカン違いが多く、女性の性メカニズムをまったく無視したテクニックばかりだからです。

女性が離れられなくなるセックス

　クリトリスを力まかせにこすったり、アダルトビデオのマネをして潮を吹かせようと、膣《ちつ》を無理やり掻《か》きだしたり、まだ女性のカラダの準備ができていないのに、無理やりペニスを挿入したり……。そんな生殖本能に毛の生えた程度の、自分勝手な〝ジャンクセックス〟では、たとえ何百人と関係を持とうと、女性に心から満足してもらえるセックスなど、できるようにはなりません。

　反対に、相手の女性に対するいたわりや思いやり、性メカニズムへの正しい知識、その知識に基づいたスローセックスの正しい技術、それらをきちんと身につけてさえいれば、たとえ女性経験がほとんどない男性であっても、もう一生、相手の女性が離れたくなくなるような〝本当の愛と性の悦び〟を相手の女性に確実に与えることができるのです。

官能へと誘うための三大要素とは?

スローセックスは〝愛、知識、技術〟が三位一体となって、はじめてその効果を100%発揮します。

〝愛〟とは相手への思いやりや気配り、いたわりや愛おしさといった、相手を大切にしようという心です。〝知識〟とはすなわち異性の性メカニズムへの正しい知識のこと。男性と女性ではカラダの見た目はもちろん、興奮するしくみ、性的に感じていくしくみ、そして心のしくみも違います。長年ともに過ごしてきたご夫婦だからといって、安心してはいけません。セックスとは男女の性差のぶつかり合いであり、その融合でもあります。一度真摯《しんし》な気持ちで学ばないうちは、知らないことばかりです。

そして〝技術〟とは、愛を具体的に表現する技術であり、間違いのない性メカニズムに基づいた正しい愛《あい》撫《ぶ》テクニックのことです。このどれか一つが欠けても、相手の女性を官能させて、心の底から幸福を感じさせるようなセックスをすることはできないのです。

究極の官能美を目の当たりにしよう

スローセックスを身につけると、いったい何が変わるでしょうか?

まず、相手の女性の感度が驚くほど高くなります。「今までの感じ方はいったい何だったのか?」と思えるほど、あなたの目の前で、カラダをしならせて感じまくり、狂おしくもだえ、白目をむいて絶叫してくれるようになります。その姿はこの世のどんな芸術品にも勝る美しさです。

男性だって絶叫するほど官能できる

その女性の究極の官能美を目《ま》の当たりにしたとき、男性であるあなたの男としての本能もパーンと開いて、あなた自身の官能もまた、一気に開かれるのです。今までのジャンクセックスでは、射精するときのあなたの快感は「うっ」という程度のものでした。しかし、スローセックスによって男性のあなた自身も、快感をカラダにどんどん溜《た》めていけるようになり、最後の爆発現象である射精の瞬間などはもう、ライオンの雄叫びのような声をあげてしまうほどの快感を手にすることができるのです。

実際、私などは長時間交接のフィナーレの瞬間は、「うおぉぉぉぉ——ー!」と絶叫しています。それほど爆発的な快感に襲われるのです。女性もまた、男性が絶叫するほど官能してくれるととても悦んでくれます。

愛する女性のためにも、そしてあなた自身のためにも、どうかしっかりと、正しい性知識、スローセックスを身につけてください。

女性器愛撫を始める前に

このDVDブックは、内容的には『直伝DVD版　アダム徳永のスローセックス　はじめてのアダムタッチ』(講談社)の続編にあたります。

今回はいよいよ、女性の高感度性感帯であるクリトリス、絶叫性感帯であるGスポット、AGスポット、Tスポットへの愛撫方法を学んでいくわけですが、だからといって、セックスを始めるやいなや、それらの性感帯をいきなり愛撫すればよい、というわけではありません。

女性はリラックスモードを経由しなければ、ぜったいに官能することはできない性メカニズムを持っています。私が女性とセックスするうえで、もっとも重要視していることは、ベッドの上でアダムテクニックをさく裂させることではなく、いかにその女性の緊張を解いてあげ、リラックスさせてあげられるかです。その基本事項をクリアしなければ、完璧に近い私のセックステクニックさえも、何の役にも立ちません。

不安や緊張感を取り払うのが先決

女性はどんな男性が相手でも、その男性と何度セックスを繰り返したとしても、常に緊張と隣り合わせにいます。「期待どおりイケるだろうか」とか「痛くなったらどうしよう」といった不安や、「胸が小さくて恥ずかしい」といった身体のコンプレックスなどを抱いたまま、あなたの前で服を脱ぎます。その緊張感を、相手へのいたわりや思いやり、信頼感でもって取り払ってあげてください。

まずは感性豊かなキスを楽しんだり、スローセックスの導入に欠かせないアダムタッチでエッチモードに入ってもらってから、満を持して、クリトリスやGスポットへの愛撫へと移りましょう。

私がクリトリスを愛撫するのは、キスをしてから最低30分以上経ってからです。真のセックスの達人とは、女性に心とカラダを安心して開かせてあげられる、ゆったりとした愛撫ができる男性のことなのです。

あなたとあなたのお相手が、かけがえのない本当の幸福を実感してくれることを、心から願っています。

小陰唇
WHITE BOARD

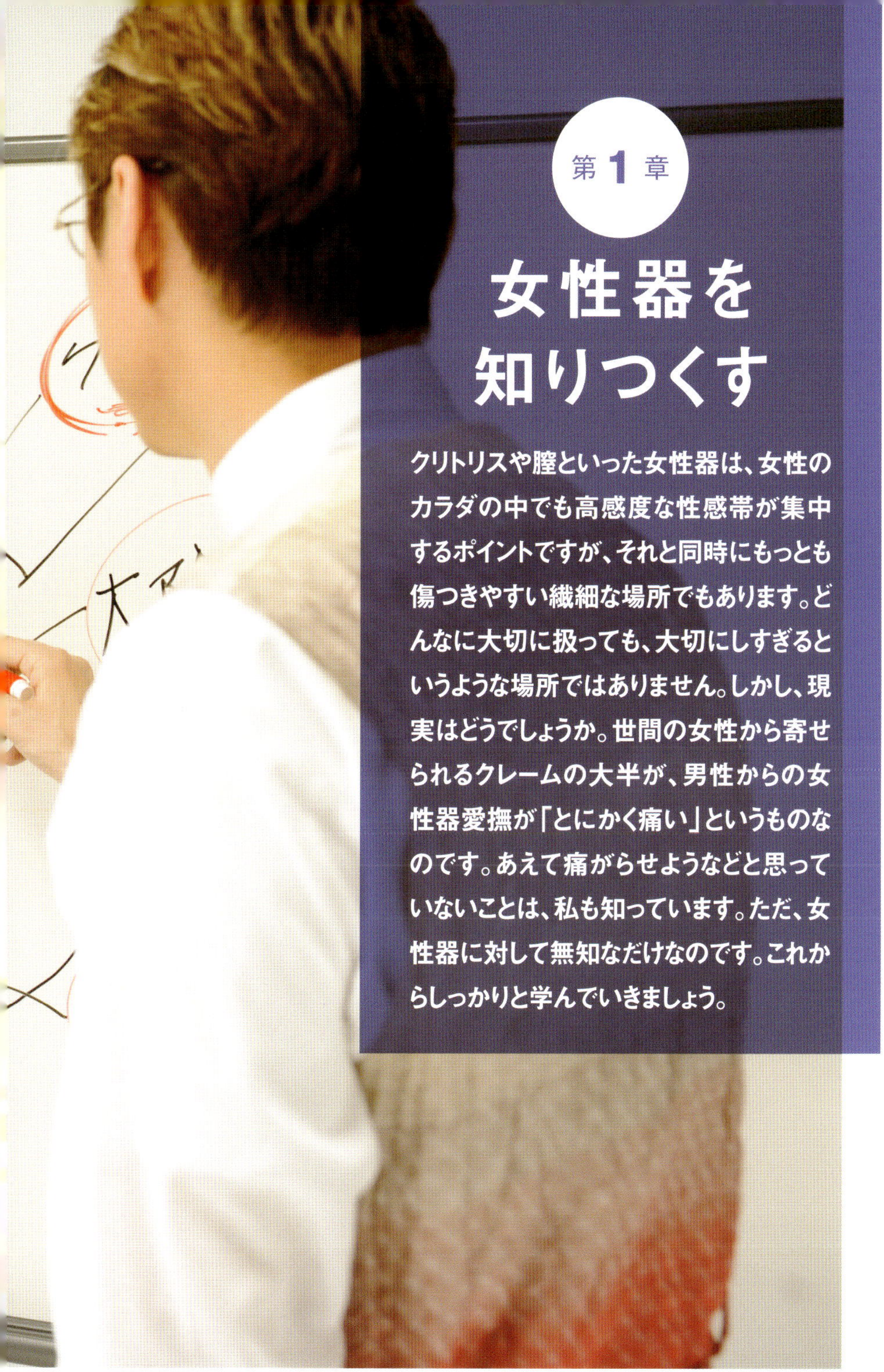

第1章

女性器を知りつくす

クリトリスや膣といった女性器は、女性のカラダの中でも高感度な性感帯が集中するポイントですが、それと同時にもっとも傷つきやすい繊細な場所でもあります。どんなに大切に扱っても、大切にしすぎるというような場所ではありません。しかし、現実はどうでしょうか。世間の女性から寄せられるクレームの大半が、男性からの女性器愛撫が「とにかく痛い」というものなのです。あえて痛がらせようなどと思っていないことは、私も知っています。ただ、女性器に対して無知なだけなのです。これからしっかりと学んでいきましょう。

女性器愛撫の基礎知識

あなたの手元に1億円の価値を持つ陶器の壺《つぼ》があるとします。これを触ったり、持ったりするとき、あなたはどんな風に扱うでしょうか？　万が一にでも傷をつけたり、割ってしまわないように、そっとていねいに、慎重に持ちますよね。反対にこれが近所の100円ショップで買った物だったら、仮に割れてしまったとしても、また買えばいいと思って、乱暴に扱う人も多いでしょう。

私がこれから言うことを、どうぞしっかりと記憶してください。

男性のあなたが女性器を扱うときは、1億円の壺を扱うのと同じように、そっとていねいに、慎重に、そして大切に扱ってあげてください。

アダルトビデオなどを観ると、筋骨たくましい男優が腕に力コブを作りながら、女優のクリトリスをその太い指でガガガ――!ッと擦《こす》り上げたり、腰が折れやしないかと思うほど、強烈なピストン運動をさく裂させたりしています。そのせいでしょうか、世の中の男性のほとんどは、〝たくさん感じさせる＝強く愛撫《あいぶ》する〟ことだとカン違いしているのです。ですが、女性の性メカニズムを考えれば、深く官能させるために必要な愛撫とは、強烈な刺激を繰り出すことではなく、むしろ〝弱くて淡い刺激〟に軍配が上がります。

まだ相手の女性の性感脳（刺激を性感に転換する脳）が開いてもいないのに、高感度性感帯だからといって、クリトリスを一気に愛撫しても、最悪の場合は、ただひたすら痛いだけの拷問《ごうもん》のような時間にもなりかねません。しかし、正しい知識と技術をもってすれば、女性器はたちどころに超優秀な性感帯となり、相手の女性を狂おしく官能させ、気持ちよさで絶叫させてくれます。普段は清楚《せいそ》でおとなしそうなタイプの女性をエロティックに舞い踊らせることができるのです。

愛・知識・技術は三位一体である

相手へのいたわりや思いやり、女性器への正しい知識、その知識に導かれた愛撫テクニック。この三つのどれが欠けても女性を官能させることはできません。

“イカせる”ではなく“感じさせる”にシフト

イカせようと焦るあまり、力が入りすぎて女性に痛い思いをさせる男性が多くいます。急ぐ必要など皆無。イカせようではなく、“気持ちいい”を楽しませようという考えにシフトしよう。

AVをお手本にしない

アダルトビデオは100%のファンタジーです。観るだけなら無害ですが、これを現実のセックスに反映させようと少しでも思っている男性は、今すぐこの場で改めてください。

痛みを伴う愛撫は厳禁

女性が痛い愛撫にガマンしている表情を感じている顔だと錯覚した男性は、もっと感じさせようと、さらに痛い愛撫を繰り出します。まさに悪循環です。カン違いを正しましょう。

女性器表面のしくみと性感ポイント

女性器というと「クリトリスがあって、ビラビラの間にペニスを挿入する穴がある」といったイメージしかない方も多いようです。女性器とひとくくりに言っても、さまざまなポイントが存在し、そのポイントごとに快感の種類も違います。つまり男性にとってみれば、その快感にあわせた愛撫方法や順番を学ぶ必要があるということ。

たとえば、クリトリスへの愛撫は〝最初から最後までソフトに〟が鉄則ですが、愛撫する順序によって、その感度はまったく違います。最初からクリトリスを愛撫せずに、大陰唇《だいいんしん》や小陰唇《しょういんしん》といった〝淡い快感〟のポイントを愛撫すれば、女性はクリトリスへの期待感を増幅させ、ついにクリトリスにいたったときに、その感度を跳ね上げます。

クリトリス以外は快感が低めだからと、愛撫をスルーするなんて男性は、最強の武器を自らドブに捨てているようなものなのです。

各ポイントの特徴と愛撫のしかた

大陰唇

◉だいいんしん

女性器へのファーストタッチは、陰毛をソワソワ撫《な》でるところから。次に人差し指と中指の全体をごく軽く押し当てながら、大陰唇をゆったりと上下に撫でていきます。ここは濡《ぬ》れていなくても痛くないように、アダムタッチと同じくらいやさしく愛撫すること。「これから大切な女性器を気持ちよくしてあげるからね」という思いで撫でてください。キスや愛の言葉を交わしながらもおすすめです。

小陰唇

◉しょういんしん

ここはジラシの優等生。ゾクゾクするような、ムズムズするような快感を与えられます。中指の全体を左右の小陰唇に挟《はさ》むようにして、上下にねちっこく撫でましょう。愛撫する男性が意識しないと、ジラシの効果は半減します。今、自分は彼女をジラシてるんだという自覚をもつこと。また、濡れていないと痛い場所です。足りない場合は、必ずマッサージオイルなどで十分に濡らしてあげてください。

膣口

◉ちつこう

交接への期待感を高めるのに絶好のポイントですので、本格的な愛撫は交接《こうせつ》の前。でも、小陰唇からクリトリスの間にここを愛撫しておくと、女性に表面的ではない、カラダの中へにじんでいくような快感を与えられます。中指の指腹で膣口にフタをし、小さな円を描くようにクルクルと回します。交接前なら、中指の第一関節までを入れ、手首だけを小刻みに左右に振る、膣口バイブレーションを。

クリトリス

◉くりとりす

超高感度性感帯の筆頭にあげられるポイント。それだけにとても繊細で痛みに敏感な場所です。男性は自分の亀頭の10倍くらい敏感であると思いましょう。イカせようとせず、感じさせようとする愛撫によって、女性はプレッシャーから解放され、あなたに完全に身を預けられるようになります。「7割の快感をずーっと味わってもらう」がベストです。濡れが少ない場合は、ちゃんとオイルを使用して。

会陰

◉えいん

ヴァギナとアナルの間をつなぐ、性感の連絡路。通称〝アリの戸渡り〞です。よく女性器全体をやみくもにベロンベロンと舐めまわす男性がいますが、それでは快感が大味になってしまい、あまり女性は感じません。一つひとつのポイントを戦略的に愛撫していくことで初めて高い官能を与えられるのです。会陰は舌先で軽くチロチロチロと、膣口からアナルに向かって舐《な》め進んでいくと効果的です。

アナル（肛門）

◉あなる（こうもん）

女性にとっていちばん見られたくない〝禁忌《きんき》の場所〞は、実は乳首よりも高感度な性感帯です。恥ずかしいタブーを〝楽しいイベント〞にしていきましょう。入り口を中指の指腹でフタをしてクルクル回したり、舌でヌメ〜ッと舐めたり、慣れてきたら、中指の第一関節までやさしく差し入れたりもおすすめです。ただし、ここはペニスを入れる場所ではありません。アナルセックスは禁止です。

膣内のしくみと性感ポイント

膣内を愛撫する方法は2つあります。指でGスポット、AGスポット、Tスポットを愛撫する方法。もうひとつはペニスで膣壁のさまざまなポイントを愛撫する方法。

後者はいわゆる交接《こうせつ》のことですが、ここで男性に覚えてほしい概念があります。それは「交接とは、ペニスを使った膣への愛撫のひとつである」ということ。私は自分のスクールでは〝前戯《ぜんぎ》〟という言葉の使用を禁じています。スローセックスは〝気持ちいい〟を楽しむセックスです。そのためには、前戯がただの交接までの準備となってはいけませんし、交接が何か特別なパフォーマンスである必要もないのです。

指や舌と同じようにペニスを使って愛撫するのだという意識を持ってください。

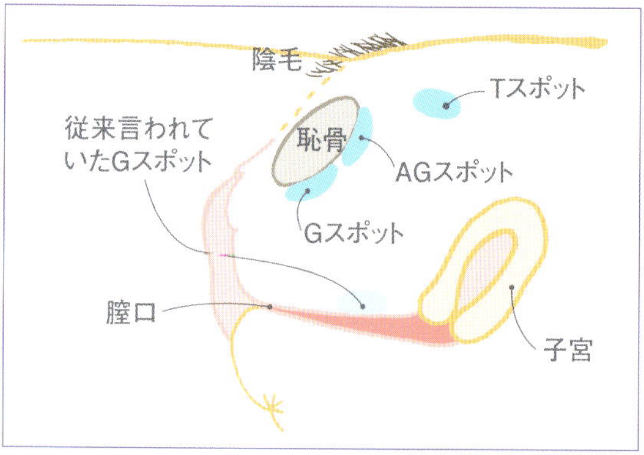

従来言われていたGスポットは間違い

「ペニスでGスポットを突いた」と言いますが、これはカン違い。膣内はホース状になっていてその管の奥壁にGスポットがあると信じられていました。しかし実際は膣の中は空気が抜けた風船のようになっていて、Gスポットは恥骨の側面。ペニスで突ける場所ではありません。

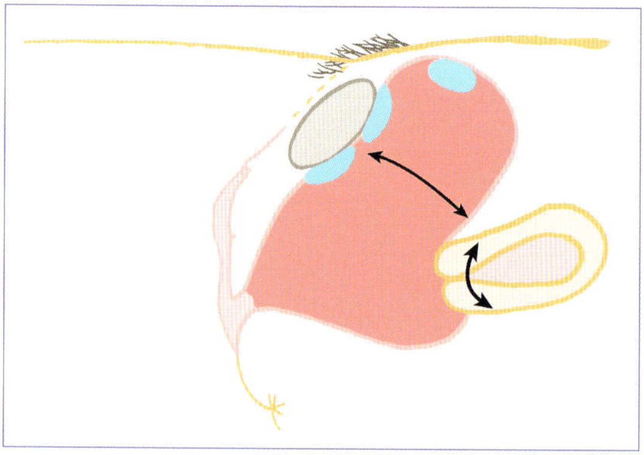

膣内はペニスや指で柔軟に収縮する

ペニスや指を挿入すると、膣壁はその形を柔軟に変えます。子宮も角度を変えていきます。膣内は左図のように広い稼働域をもっているのです。これがわかると、体位を変える意義がわかります。それはペニスの挿入角度を変えるためであり、カラダの位置を変えるためではないのです。

子宮の位置や大きさは女性によって違う

交接中に体位を変えるときは、「カラダをどう動かすか」ではなく「ペニスの挿入角度をどう変えるか」を考えてください。その意識をもって初めて、体位を変える意味が出るのです。

今、ペニスの亀頭は膣壁のどの部分を愛撫しているのか、前方なのか後方なのか、奥なのか子宮頚《しきゅうけい》部《ぶ》なのか。刺激される膣壁のポイントごとに、女性が得られる快感の種類は異なります。男性は交接の動きかたというと、〝ピストン運動による摩擦〟のことだと考えがちですが、ペニスと膣が擦れて摩擦が発生するのは、ほとんどが膣の入り口付近だけです。体位をどんなに変えても、ペニスを入れる入り口は一緒、つまり女性が摩擦で受ける快感の種類も変化しません。摩擦で感じさせようと思っているうちは、いくら体位を変えても意味はないのです。

交接で効果的な運動とは、〝圧迫と振動〟です。亀頭の先で膣壁をトントンとノックしながら小刻みな振動を与えるようにしてください。

女性一人ひとりで、子宮の位置や大きさは異なるので、「この体位は感じるはずだ」などと決めつけずに、どの体位が気持ちいいかをやさしく聞きながら実践することを心がけましょう。

[位置の違い]

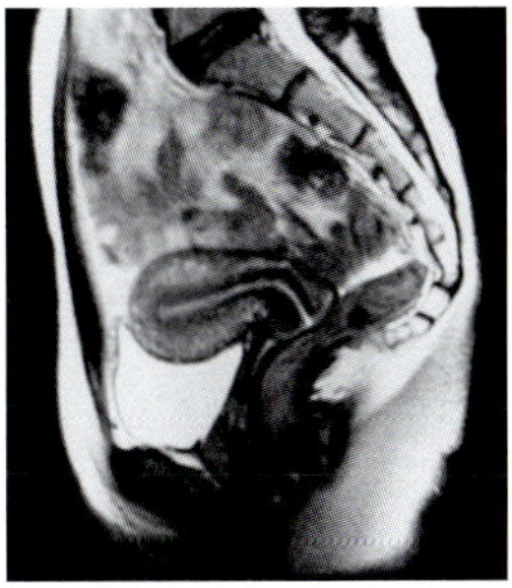

前屈《ぜんくつ》の子宮

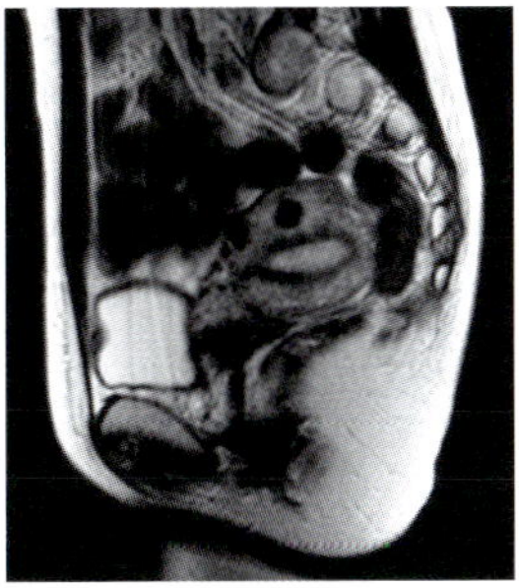

後屈《こうくつ》の子宮

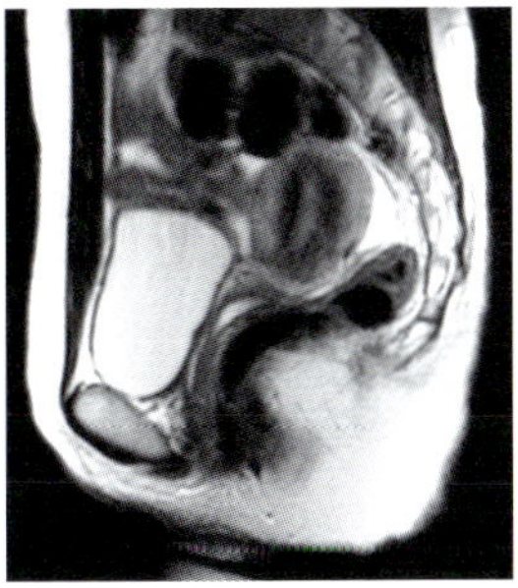

無屈《むくつ》の子宮

[大きさの違い]

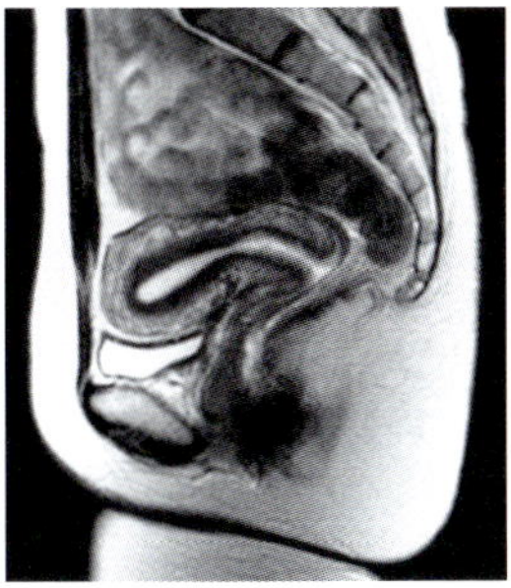

大きめの子宮

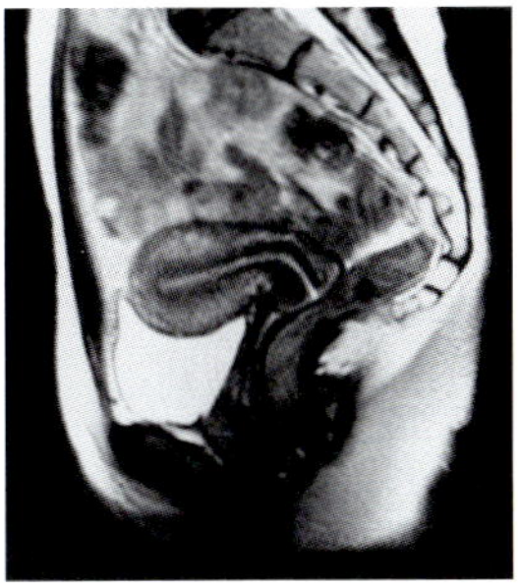

標準の子宮

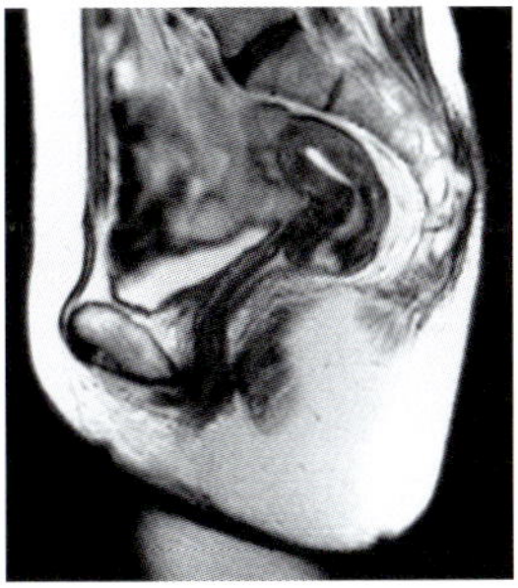

小さめの子宮

女性器の感度を10倍上げる技術

女性器愛撫の実践へと移る前に「女性はリラックスを経由しなければ官能できない」という事実を思い出してください。どんなに正しい技術をもってしても、いきなりGスポット愛撫などをしたら、女性は驚きや恐怖を感じ、痛い思いをしてしまいます。

何ごとにおいてもそうですが、セックスも総合力です。まず理想的な全体の流れを把握してください。それから一つひとつの段階に対する具体的な戦略を立てていけばよいのです。どうして、いきなり女性器を愛撫してはいけないのか。そこには痛みや恐怖心を与えることとは別の、もうひとつの理由があります。

スローセックスの基本的な流れ

レインボーキス

唇と唇が触れ合うキスは、粘膜が接触する最初のセクシャルで神聖な場面です。私はキスのことを〝外でもできるセックス〟と呼ぶのも、セックスに入るあいさつ程度にされがちなキスの本当のすばらしさを再確認してほしいからです。7種類のキスで楽しみましょう。

↓

アダムタッチ（上半身）

スローセックスの根幹を成す、男性の必修テクニック。女性の性感脳を開くのにもっとも適したノウハウが詰まっています。まずは髪の毛からスタートし、顔、肩、腕を丹念にタッチしたら、外周から円を描くように乳房をタッチして、女性の体内に淡い快感を増やしていきましょう。

↗

乳首への愛撫

高感度性感帯である乳首への愛撫は、淡い快感を増やしていく段階のハイライト。乳房と乳輪でジラシたら、まずてっぺんをチョン♪　これだけですでに絶叫する女性だっています。焦《あせ》らず、冷静に、そしてバリエーションに富んだテクニックで快感の奥深さを教えましょう。

↓

アダムタッチ（下半身）

女性のよがり声を聴くと、つい男性も興奮してしまい、そのまま一気に女性器へと突き進みがちです。でも達人はここで、あえてつま先をアダムタッチします。足裏、ふくらはぎ、膝《ひざ》、太ももの順に、性エネルギーを下から上に上げていくイメージでアダムタッチします。

ふたりタッチ（相互愛撫）や女性からの愛撫を織りまぜる

それは〝女性は時間をかけて、小さな性感を溜《た》めていく〞という性メカニズムを持っているからです。キスから始まって、アダムタッチによる全身愛撫やバリエーション豊富な乳首愛撫を施していくことで、女性はカラダのなかのコップに、そこで得られた淡い快感を少しずつ、でも確実に溜めていきます。これらが十分に溜まってから、女性器を愛撫すると、ますますこのコップの性感の量は増えていき、表面張力を超えてついにあふれたとき、爆発的なオーガズムが発生するのです。いきなり女性器を愛撫して仮にイカせることができたとしても、それでは大した官能は与えられません。

クリトリスへの愛撫

ここまでで30分はかけてください。そしてついに前戯の総本山であるクリトリスを攻略するのです。女性はもう完全に官能体勢に入っています。しかしすぐにイカせようと考えず、〝イカせずにたっぷり感じさせる愛撫〞で、相手の女性に天国状態を味わわせるのです。

三大絶叫スポットへの愛撫

ペニスを挿入する前に、ペニスでは愛撫できないGスポット、AGスポット、Tスポットを、指で愛撫しましょう。非常に刺激の強いポイントですので、ここに限っては長い愛撫は不要。相手が痛がったり怖がったりするようであれば、愛撫コースから外す思いやりも大切です。

長時間交接

始まりは対面上体立位から。ゆったりした呼吸で自律神経をコントロールすれば、早漏の男性でも長時間交接が楽しめるようになります。射精をするためではなく、ペニスを使って膣壁を愛撫してやる意識を持ちましょう。それだけで、いままでの単調なピストン運動激変します。

正常位でフィニッシュ

さまざまな体位で長時間交接を楽しんだのち、女性の口から「もう満足」という言葉が出て初めて、フィニッシュである正常位の体勢に入ります。巨大なエンジンを遠慮なく全開にして、全身全霊で二人で昇りつめてください。後戯《こうぎ》は不要です。手をぎゅっと握っていてあげましょう。

性感脳を開くための技術

レインボーキスのしかた

セックスが上手な男性はキスも上手です。最初に粘膜と粘膜が触れ合う神聖でセクシャルな行為であるキスの充実度が、セックスの満足度を左右します。男性の課題のひとつは、女性器愛撫までいかに、相手の女性の性感脳（刺激を性感に転換する脳）を開いてやれるか……。その最初の登竜門がこのキスであることを認識してください。

1 アダムキス

触れるか触れないかの攻防を楽しむ、唇のアダムタッチ。唇だけで一句詠める感性を。

2 ビギニングキス

口の力を抜き、そのまま相手の唇にしっとり押し当てる。やわらかさを感じよう。

3 サウンドキス

ごくソフトにぴとっと当て、離しながらチュッと音を立てる。鼻の頭、あご先にも。

4 タンキス

力を抜いた舌先同士でこね合うように愛撫。ねっとりとした感触を楽しもう。

5 ディープキス

五感がビンビンになったらここでその情熱を開放。本能のままに舌を絡め合おう。

6 ペニスキス

女性の舌をペニスに、男性の口を膣に見立てた、倒錯した疑似セックス。

7 バキュームキス

欲望のまま、唇が腫《は》れ上がるくらい情熱的に吸い尽くす。キスのクライマックスです!

ONE POINT ADVICE

愛撫には“手”を使い 愛情表現には“口”を使う

「キスは最初だけ」という男性も多いですが、それでは女性の心は満たされません。手で愛撫しつつ、唇、背中、足などにキスしたり、愛の言葉をささやいたりしてあげてください。

アダムタッチのしかた

アダムタッチは単にイカせるだけの技術ではありません。相手を感じさせながら、性感脳をゆっくりと開いていき、それと同時に相手を感じやすい体質に変化させていくのです。セックスのプロローグにはもちろんのこと、キスから女性器愛撫や交接にいたるまで、すべての場面においてアダムタッチは効果的です。さあ、身につけましょう。

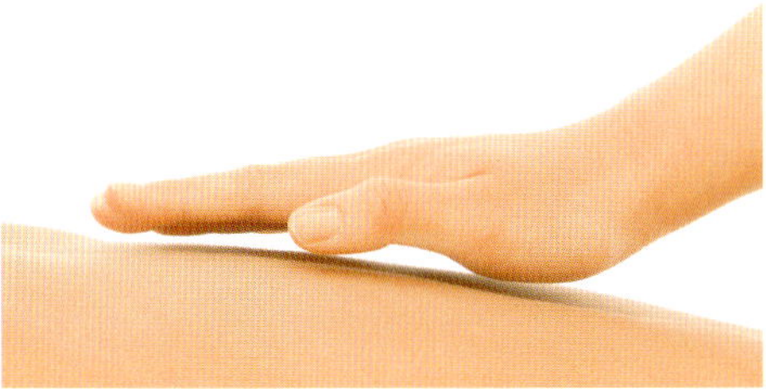

1 肌から手のひらを2cm浮かせます

まずは相手の肌にベビーパウダーをたっぷりと塗りましょう。このサラサラ感がアダムタッチの効果を倍増させてくれるのです。必ず準備を。自分の右手（左利きは左手）の手のひらを相手の肌の平らな部分に軽く乗せ、そのまま手のひらを平らにした状態で、肌と水平になるように2cm浮かせます。

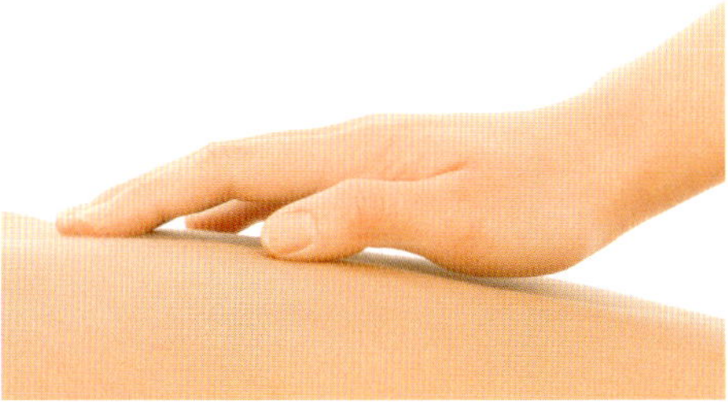

2 この基本フォームを記憶すること

その位置から5本の指だけを肌の上にそっと下ろす。指の間隔は1cm。指先と指腹の中間点が接点です。愛撫中つねにこの形をキープしますのでしっかり記憶してください。基本は5本指、顔や手のひら、膝といった狭い部分は人差し指と中指の2本でアダムタッチします。

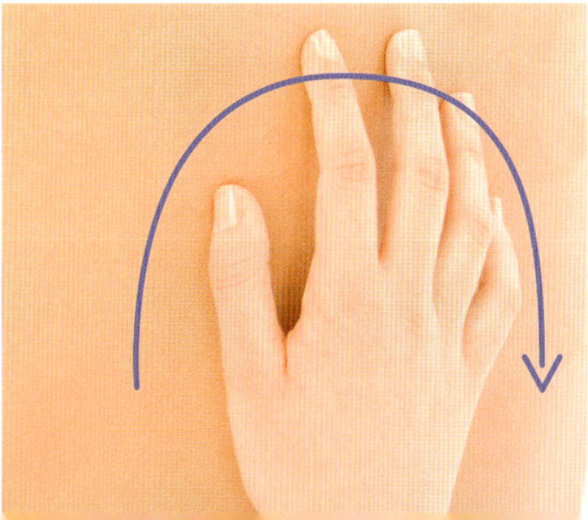

3 規則正しい動きが官能を引き出す

各部位に時計回りのだ円形を描きつつ、秒速3cmの速さで、触れるか触れないかの絶妙なタッチ圧でもって愛撫していく。この3ポイントを厳守。速くなったり遅くなったり、指がバラバラに動くなどはNGです。女性は規則正しい刺激に安心して官能していく特性があるのです。

豊かな快感をもたらす技術

乳首愛撫のしかた

赤ん坊のようにチュパチュパと吸いつくだけの〝自己チュー愛撫〟は卒業しましょう。乳房と乳輪をアダムタッチしてジラシてから、満を持して乳首へ移ってください。これだけでも乳首の反応がまったく違います。乳首は先端、側面、先端と側面の境のエッジ部分の3つで構成されています。感度の序列は側面→エッジ→先端の順です。

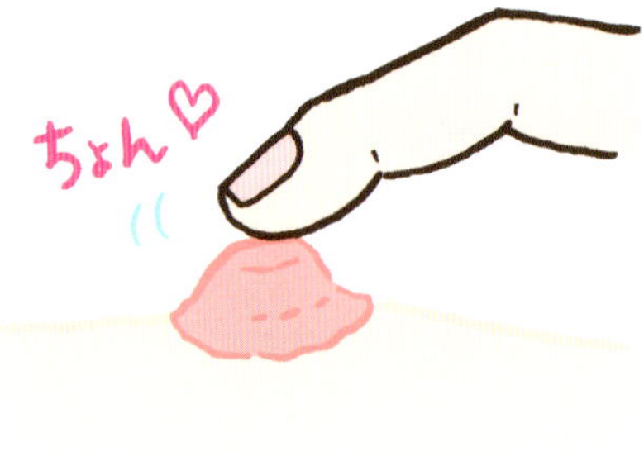

先端タッチ

ジラシにジラシたあとでついに乳首。でもまだ、ほんのわずか、チョンとタッチするだけ。それでも「あぁぁー!」と絶叫させられるのです。

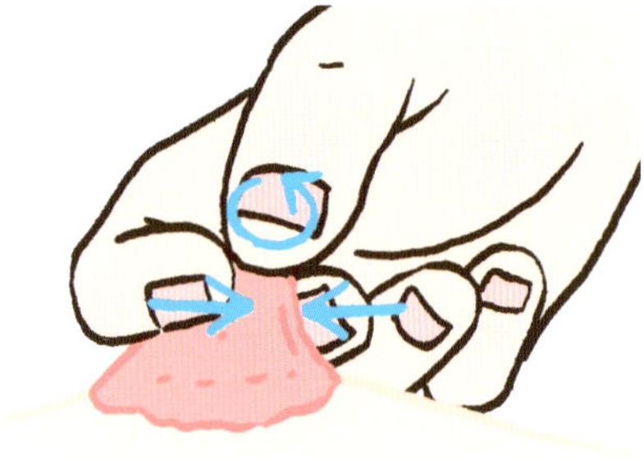

アダムタッチと〝圧〟の複合

人差し指と中指で側面に圧をかけながら、親指の腹で先端をアダムタッチ。〝圧迫〟と〝超ソフトタッチ〟の2種類の刺激で頭クラクラ!

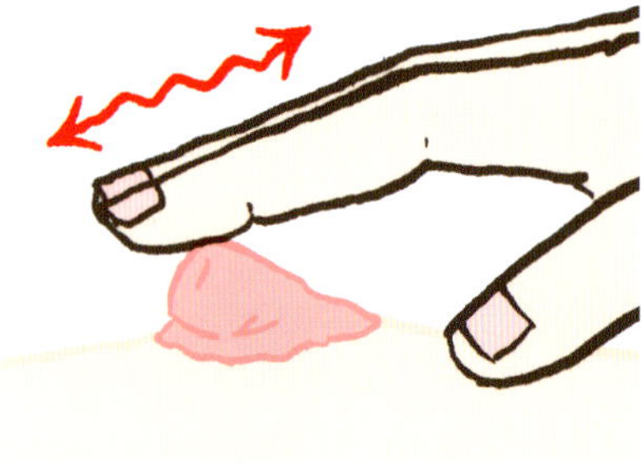

こね倒し

人差し指の腹でエッジを押しながら、前後、左右にねぶるように乳首をこね倒します。スピードは不要です。いやらしく、ねっとりと動かすほうが効果的。

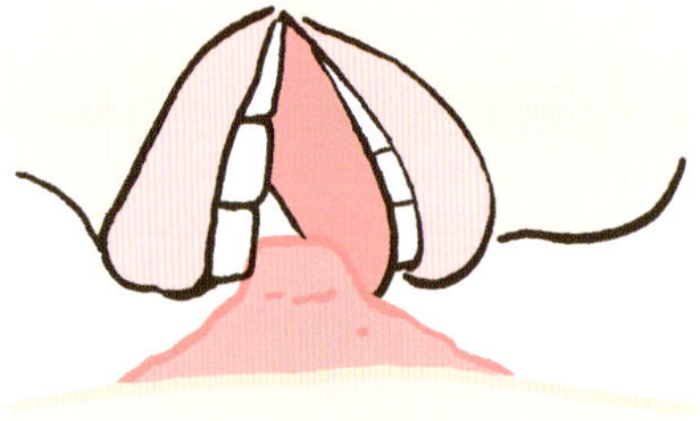

甘噛み

乳首へのバイトは上の歯と舌の間に乳首を挟《はさ》むように行ないます。女性の反応を観察しながら、ハムハムと軽く甘噛《あまが》みを。イタ気持ちいい程度。

スクラッチのしかた

セックスにおける豊かさとは、〝快感のバリエーションの豊かさ〟のことです。このスクラッチ愛撫を活用して、二人のセックスに豊かさと潤《うるお》いを持たせましょう。アダムタッチの淡い快感に対して、シャープな快感を与えるのがスクラッチ。文字通り爪で引っ掻く愛撫法です。筋肉のある部分に対して、垂直に一気にスッと引く。思わぬタイミングで思わぬ場所を狙います。

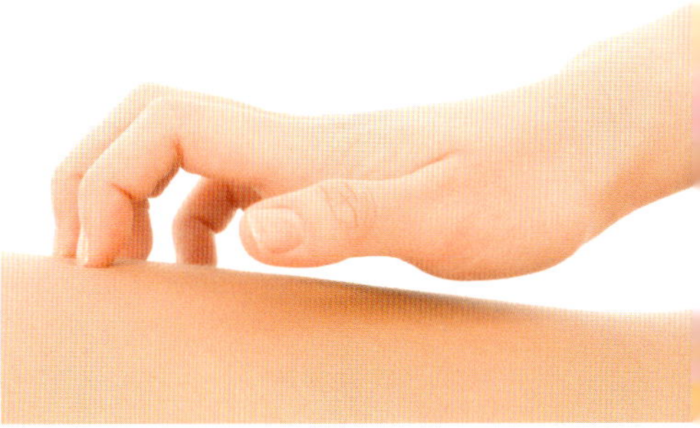

手のひらを肌と水平にして、5本の指を熊手のようにガチッと立てて固定。ヒジを動かしてスクラッチ。1秒間に30㎝くらいのスピードで一気に引っ掻《か》くのがポイントです。

スイートバイトのしかた

スイートバイトとは〝甘噛み〟のこと。こちらもアダムタッチの淡い快感と対極をなす最高のスパイスとなります。噛むという、一見愛撫にはならない行為が深い官能へと導くこともあるのです。肩や太ももの筋肉のある部分がおすすめ。口を大きく開いて歯を剥きだすイメージで口角《こうかく》を上げ、ゆっくり確実にヒットさせてください。大切なのは相手に「噛まれた!」と思ってもらうこと。精神的な高揚を与えましょう。

ふたりタッチ（相互愛撫）のすすめ

セックスはどんな共同作業よりも〝一緒に〟が楽しい行為ですが、実際はつねにどちらかからの一方通行的な愛撫になりがちです。〝ふたりタッチ〟は一方通行のセックスを根底から変える、新しい愛の表現方法。セックスのプロローグや途中の〝お楽しみ時間〟として取り入れると、さまざまなことが劇的に変化します。詳細は『実践イラスト版　スローセックス完全マニュアル　ふたりタッチ編』（講談社）をご覧ください。

第2章

クリトリスを愛撫しつくす

いよいよ〝絶頂のスイッチ〟とも呼ばれるクリトリスの愛撫法をマスターしていきます。その前に男性のあなたは、恋人や奥様のクリトリスの正確な位置を知っていますか？　クリトリス愛撫でいちばん大事なことは、小さな豆つぶほどの〝急所だけ〟を確実に〝ピンポイントで〟愛撫すること。「なんとなく近くをモゾモゾ」では、相手をがっかりさせたり、イライラさせてしまう恐れがあります。まず、ターゲットであるクリトリスの正確な位置を目で確認してください。「部屋を暗くさせられる」という男性もいますが、クリトリスを視認できる程度の明るさは確保させてもらいましょう。

クリトリスの基礎知識

女性からの相談でもっとも多いのが、「クリトリスを愛撫されると痛い」というもの。私のスクールでは、男性を対象にした女性器愛撫指導で、はじめにラバー製の模型を使うのですが、まず普段通りしてみてくださいと言うと、みなさんすごい力でクリトリスをゴリゴリと擦《こす》り出します。これでは女性たちが痛くて悲鳴を上げるのも無理はありません。クリトリス愛撫の基本は〝超ソフトに〟です。中には「初めは弱く、感じだしたら一気に強く」と指導する指南書もあるようですが、これは大きな間違いです。

指で愛撫するにしろ、舌でクンニするにしろ、「ごく弱めのタッチ圧で、じれったくなるほどの淡い刺激を、一定の速度で粛々《しゅくしゅく》と続ける」のが正解なのです。感じてきたからといって一気に強い刺激でイカせても、「ウッ」という程度の快感でしょう。慣れた女性であれば3分でもイケます。しかしこの程度では本当の天国にはほど遠いレベル。目指すは最高のオーガズムです。初めのうちはほとんど反応がないかもしれませんが、心配は無用。相手が痛がらずに、リラックスしていることを確認したら、あとは粛々とじっくり愛撫していきましょう。

表情や声に現れずとも、相手の中では確実に淡い快感が蓄積されていきます。イカせようとはせずに、イカないギリギリのラインを保ったまま愛撫していくのがコツです。そしてついに、女性の全身に溜《た》まった快感が限界点を突破して爆発しかけたとき、満を持して愛撫のピッチを上げて、しっかりとイカせてあげましょう。すると「ウッ」なんてかわいらしいイキ方はどこへやら、「イクッイクッ、イイイグググウウウ――――――!」と快感に白目を剥《む》いて果てる、女性だけが持つ究極の官能美を、あなたは目の当たりにできるのです。

皮をしっかり剥き 確実にヒットさせる

クリトリスを愛撫する上で重要なポイントは〝皮をしっかり剥《む》く〟こと。男性の中には「皮を剥いたら痛くなるのでは」と心配される方もいるかもしれません。確かにクリトリス自体はとても敏感です。でも、男性の亀頭も敏感ですが、その周りの皮は多少引っ張られたところで痛くありません。クリトリスの皮もクイッと剥かれた程度で痛いということはありません。皮をしっかり剥き、クリトリスを露出させて、確実にヒットさせる。そして愛撫は超ソフト。これを忘れずに。

クンニは前戯の 集大成である

男性の中にはクンニを避けて通ろうという方がいますが、はっきり言えば、ほとんどの女性は男性がフェラチオを望むのと同じくらい、クンニを望んでいます。必ずしてあげましょう。

初級 両手を使って愛撫する

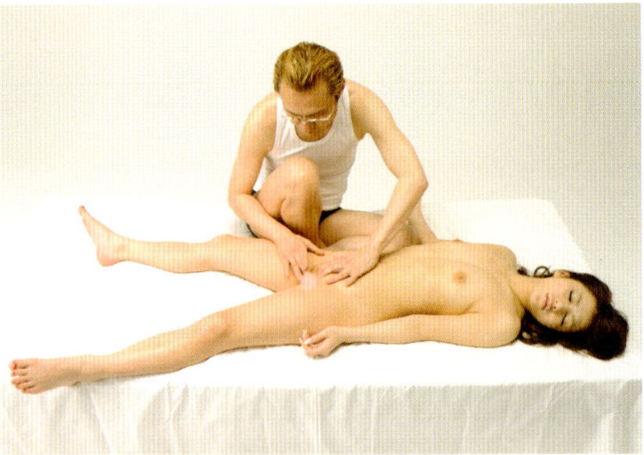

1 正しいポジションをとる

指で愛撫していく場合、実際のセックスでは片手で行なうケースが多いですが、片手愛撫は初心者にとって諸《もろ》刃《は》の剣。まずはこの両手での愛撫法をマスターしましょう。仰向けの女性の右側、女性器が自分の正面となる位置に座り、自分の目で確実にクリトリスを確認できるようにします。長時間でも疲れない体勢に。

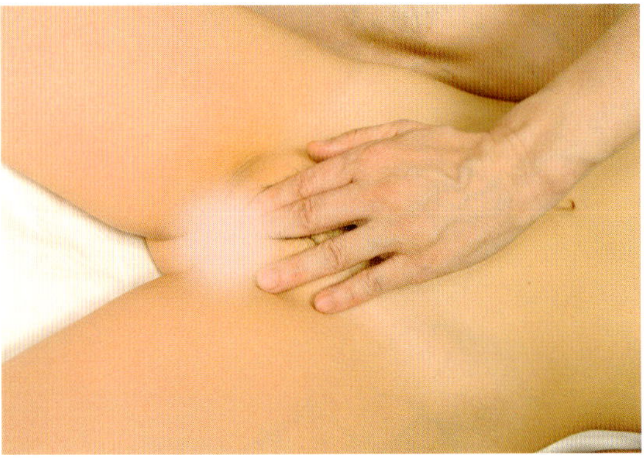

2 左手をあてる

まず左手の人差し指と中指の第1関節同士の間にクリトリスがくるようにして、女性の肌に手を置きます。手のひらをしっかりと女性の下腹部に密着させてください。とくに各指の肉球（付け根の盛り上がった部分）は引き上げる際に支点となる部分ですのでピタッと付けます。ここで手をしっかりと固定します。

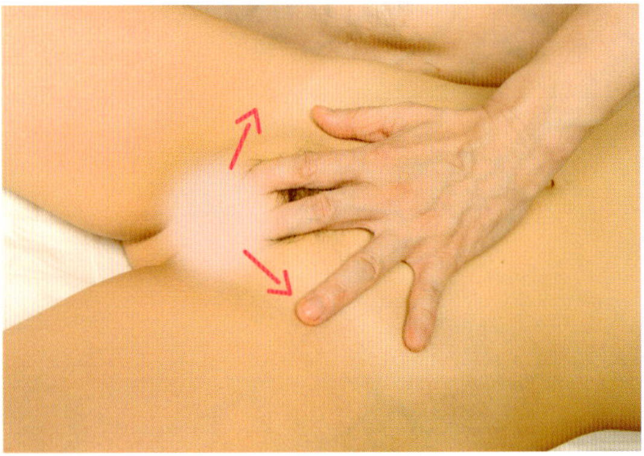

3 指を開きながら引き上げる

人差し指と中指の間にクリトリスを挟んだら、そのままVサインをするように指を左右に開きながら、手前に引き寄せて皮を剥きます。確実に皮が剥けてクリトリスが露出しているか目で確認すること。皮を剥いても女性は痛がりません。いい加減に剥いて、粗雑な愛撫をすることが、痛みや不満を与えるのです。

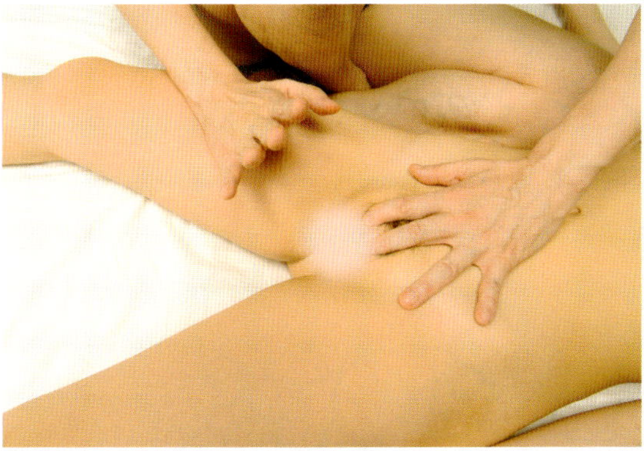

4 右手の支点を確保する

クリトリスの皮が剥けて露出したら、そこで左手を固定。愛撫、左手はもう動かしません。右手を女性の右脚の内もも付近に置いて支点を取ります。内ももに置く場所は、手のひらの小指側、手首の少し上です。ここを支点にし、愛撫する際の作用点にすることで、微妙な圧の調整ができるのです。体重をかけないよう注意。

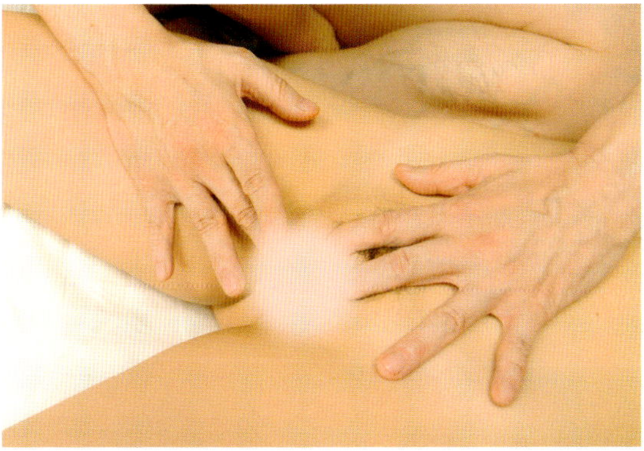

5 小陰唇に挟みつつ中指をスライドさせる

確実にヒットさせることに不安がある男性は、中指の指腹を膣口近くの小陰唇に挟《はさ》みこんで、そこからゆっくりとクリトリス方向に中指を引き上げていきましょう。突き当たったところにある突起がクリトリス。濡《ぬ》れ加減が足りない場合はオイルなどで必ず濡らすこと。乾いたままだと女性に痛みを与えてしまいます。

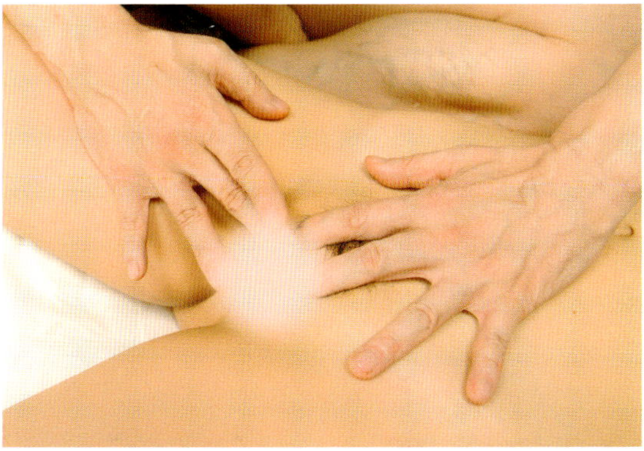

6 超ソフトタッチで上下に撫でていく

クリトリス愛撫は〝超ソフトなタッチ圧で高速に〟が原則。触れるか触れないかで十分です。慣れないうちは徐々にスピードアップしていけばOK。速くてもタッチ圧は超ソフトのままです。弾いたり、指を付けたり離したりすると痛みを与えます。絶えず指の腹はクリトリスのどこかと接しているようにしてください。

中級・上級 片手のみで愛撫する

“片手クリトリス愛撫”の重要性

この“片手クリトリス愛撫”テクニックがいつでも行なえるようになると、キスをしながら、乳首を吸いながら、アダムタッチしながらといった複合愛撫もできるほか、相手の女性と互いの性器を愛撫し合う“ふたりタッチ”でも大いに役に立ちます。右手1本でクリトリスの皮を剥きつつ露出させて、その状態をキープしたまま愛撫する。簡単ではありませんが、イメージトレーニングを繰り返して得意技にしてください。

体勢によって2種類を使い分けよう

片手の場合、男性の添い寝する位置によって、クリトリスの皮を剥くときに支点となる部分が変わります。これを知っておかないと、いざクリトリスを触ろうと思ったらヒットできないという事態も発生します。支点となるのは右手の手根《しゅこん》と、親指の2種類。キスをしながらのときは手根が支点、乳首を吸いながらは親指が支点となります。

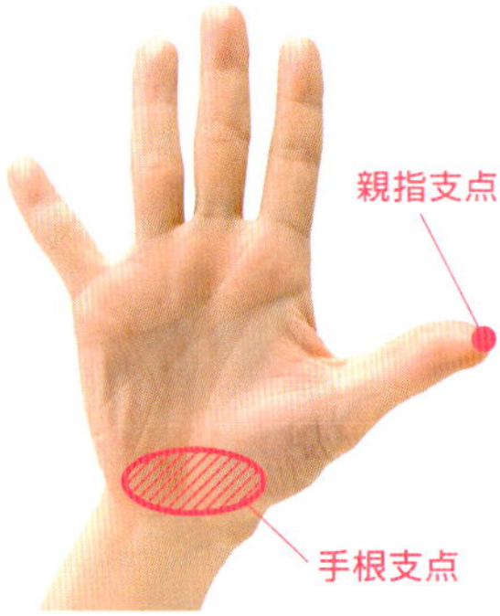

中級 手根支点の片手クリトリス愛撫

1 キスができるポジションをとる

片手による愛撫でもっとも難しい点は、自分の目でクリトリスの位置を確認できないこと。「だいたいこの辺?」なんてブラフはクリトリスには通用しません。右手に全神経を集中させるつもりで実践しましょう。仰向けの女性の顔の位置に自分の顔がくるように体勢をとり、左ひじを立てて、キスなどをします。

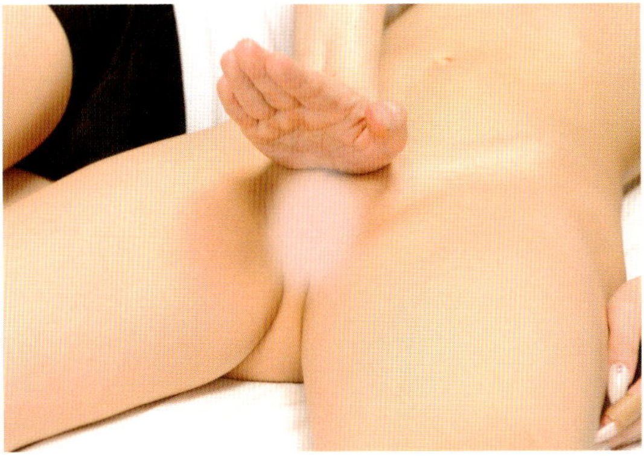

2 右手をあてる

右手の手根が反りかえるように手首を起こして、クリトリスがあるべき場所の真上にその手根をあてましょう。ついクリトリスよりもおへそ側にあててしまいがちですが、そうすると皮を剥くときにしっかり引っ張ることができず、露出が不十分になります。あくまでクリトリスの真上にあてがってください。

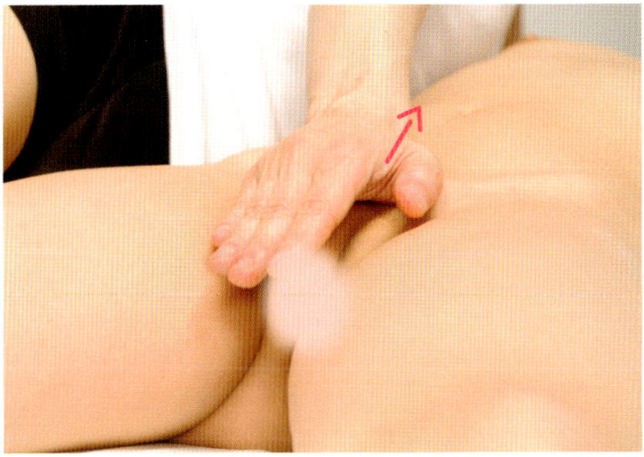

3 引き上げてクリトリスの皮を剥く

手根をクリトリスの真上にあてがったら、次は皮を剥くためにそのままおへそ方向に引き上げましょう。3〜4㎝くらい引き上げるのが目安です。女性が痛がるほど押し当てたり引き上げる必要はありませんが、ある程度の圧をかけないと手根の位置がずれてしまい、正しい愛撫ができなくなってしまいます。

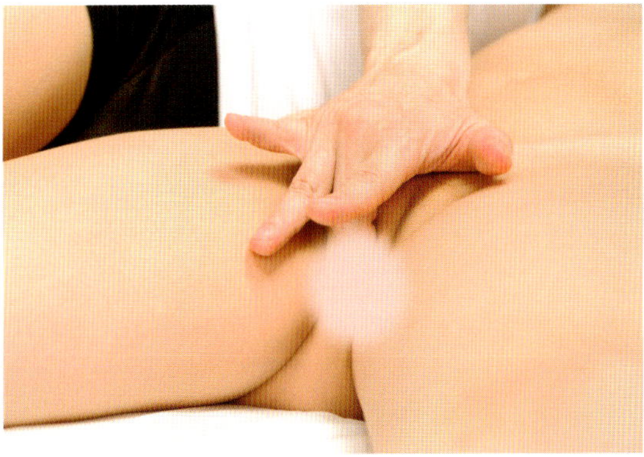

4 中指を小陰唇に差し込む

クリトリスを完全に露出させたところで、支点（手根）をガッチリと固定してください。この露出状態を上手にキープできるかが勝負の分かれ目です。次はクリトリスのヒットさせかた。固定ができたら、中指を折り曲げて膣口にやさしくあてがいます。そしてそこから左右の小陰唇に中指を挟むようにします。

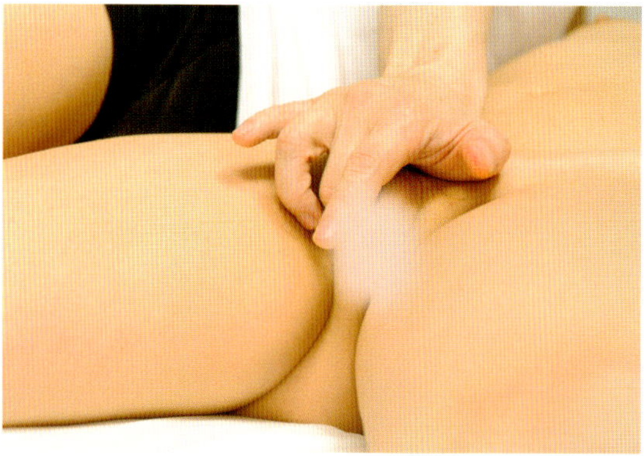

5 中指をクリトリスへと引き寄せていく

中指の指先に神経を集中させてください。膣口から小陰唇に挟まれつつ、ゆっくりと手前に引き寄せていくと、ある時点で左と右の小陰唇が合流します。その行きついた合流点にある小さな突起がクリトリスです。実践中、不安なうちはキスなどの複合愛撫はせずに、自分の目で一度確かめながら、指の感覚をつかみましょう。

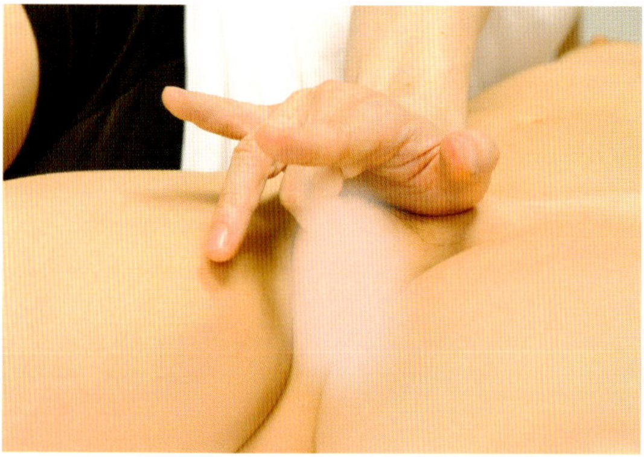

6 ヒットさせたら指先で愛撫

中指の先端がクリトリスを捉えたら、ここでひと呼吸。このポジションを改めてキープします。安定したら、中指の指先だけを小刻みに動かして、クリトリスの表面をごく軽く撫でるように愛撫しましょう。指先の振幅幅は1～1.5㎝。片手クリトリス愛撫でも、超ソフトタッチは変わりません。ごく軽く、そして速く。

ONE POINT ADVICE

できるようになったらふたりタッチにも挑戦！

片手愛撫をマスターしたら、相手の女性に「ふたりタッチしない？」と誘ってみよう。おすすめのスタイルは〝お気に召すまま〟。頭と足を逆にして向き合い、互いの顔の前で股を開き、片脚とひじをついた片手に体重をかける。男性は手根を支点にしたクリトリス愛撫を、女性はオイルを塗ったペニスを右手で愛撫して。

上級 親指支点の片手クリトリス愛撫法

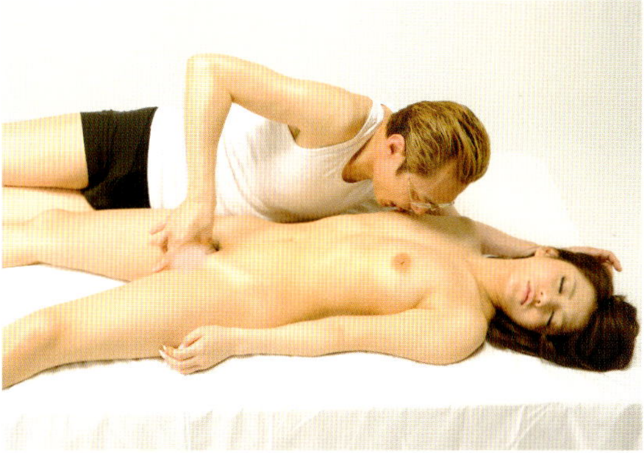

1 乳首舐めのポジションをとる

次に乳首を舐《な》めながら、同時にクリトリスを愛撫するテクニックを紹介します。ただでさえ、女性はクリトリスに触れられることで緊張します。リラックスしやすい仰向けでいきましょう。親指だけで支点をキープするのは簡単ではありません。しかしそれだけに、この技をマスターすると愛撫の幅も一気に広がります。

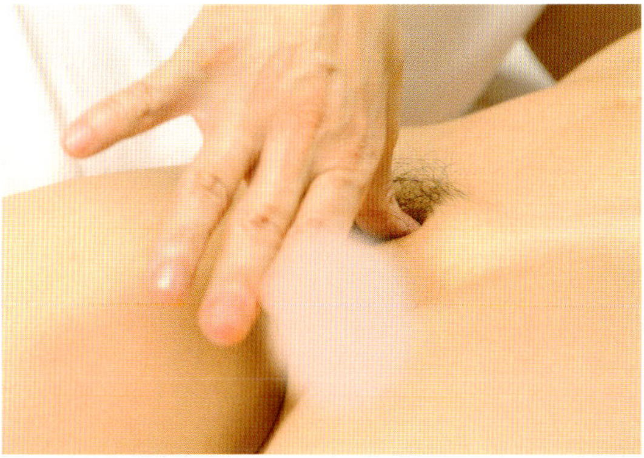

2 親指をクリトリスの上におく

右腕を伸ばし、手のひらを返すようにひねった状態のまま、ひじを直角に曲げます。そして手根を支点にした場合と同様に、右手の親指の指腹をクリトリスの真上にあてがってください。クリトリスの真上にあてがってから、引っ張っていきます。女性が痛がらない範囲内で、しっかりとあてる必要があります。

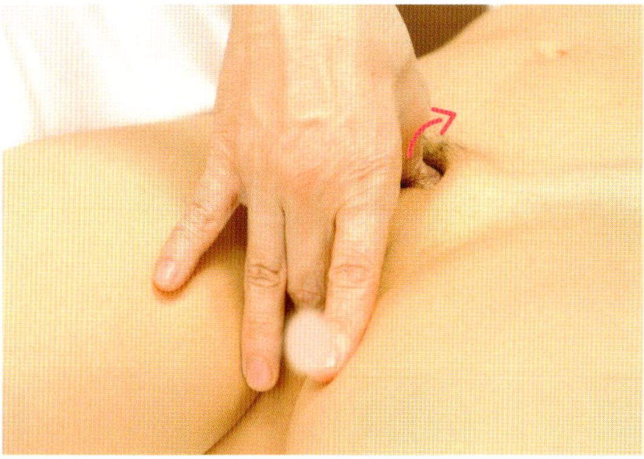

3 押しあてたまま手前に引き寄せる

親指を押し当てたまま、3～4㎝ほどおへそ方向に押し上げて、クリトリスを露出させます。完全に剥けたらそこで固定。必要以上に親指を押し付けてしまう男性がいますから、相手の女性に「痛くない?」と聞いてあげましょう。OKなら、手根のとき同様、中指を膣口付近の小陰唇に挟み込みます。

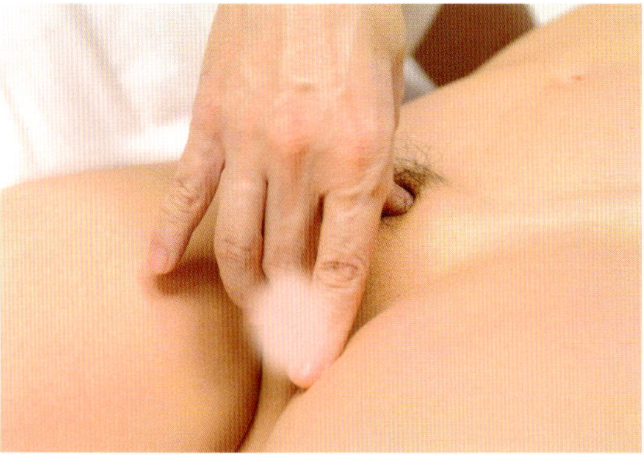

4 中指をクリトリスへと引き寄せる

親指の支点をキープしたまま、中指を伸ばしてゆっくり折り曲げ、まず膣口にあてます。そのまま左右の小陰唇に挟まれるようにして、クリトリスへと引き寄せていきます。クリトリスにヒットしたら深呼吸。改めで手を固定し、安定したタッチ圧でいくらでも愛撫できる体勢を確保しましょう。

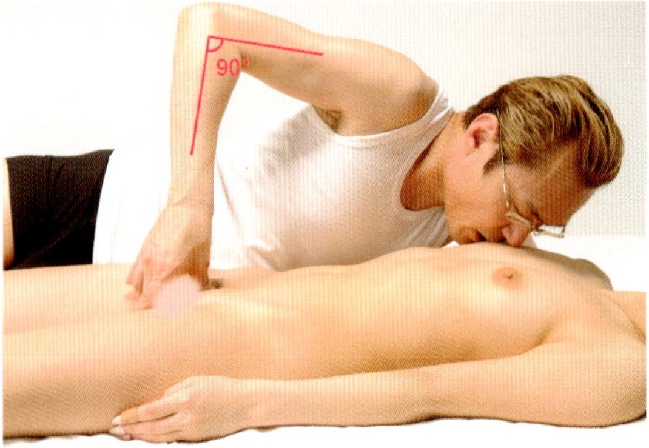

5 ヒットさせたら指先で愛撫していく

指先の振幅幅は1〜1.5cm程度で十分。クリトリスが小さめの女性ならほんの数ミリの振幅幅でもよいのです。クリトリスから指が離れないように、やさしく撫《な》でていきましょう。ポイントは、ひじを直角にしておくこと。ひじを寝かせると指の動きがクリトリスに対して斜めになり、効果的に愛撫できません。

クンニリングスのしかた

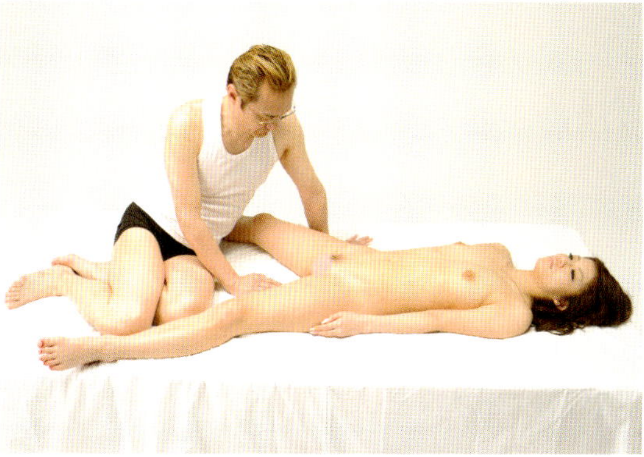

1 正しいポジションをとる

キスからはじまり、アダムタッチなどで全身愛撫をたっぷりとしてきた、その前戯のとどめがクンニです。そのくらい重要な愛撫であるという認識を持ちましょう。仰向けの女性の脚をやさしく開き、その間に正座を崩したような姿勢で座ります。次に左ひじを女性の太ももの外側に置いて、自分の体重を預けます。

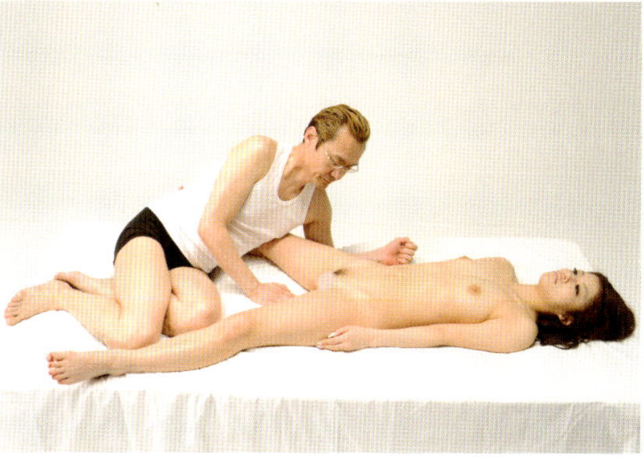

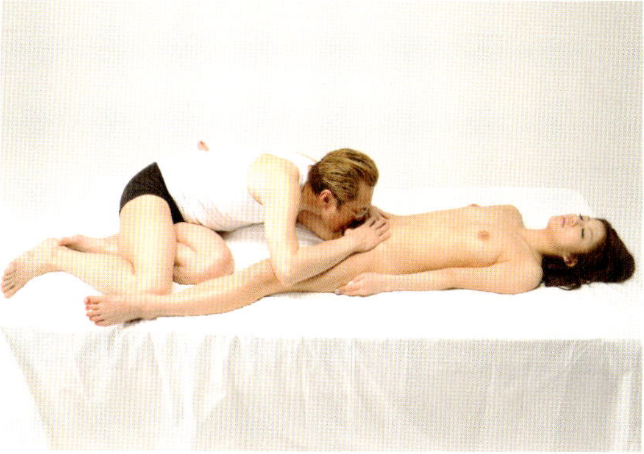

NG ポジション

完全に正座のままクンニをすると、首に無理な負担が掛かってしまい、途中で苦しくなります。こういったちょっとした違いが後に大きな差になるのです。

脚を上げるとクリトリスが埋没し、「なんとなくこの辺」という大味なクンニになってしまいます。これでは女性に歯がゆい思いをさせるだけです。

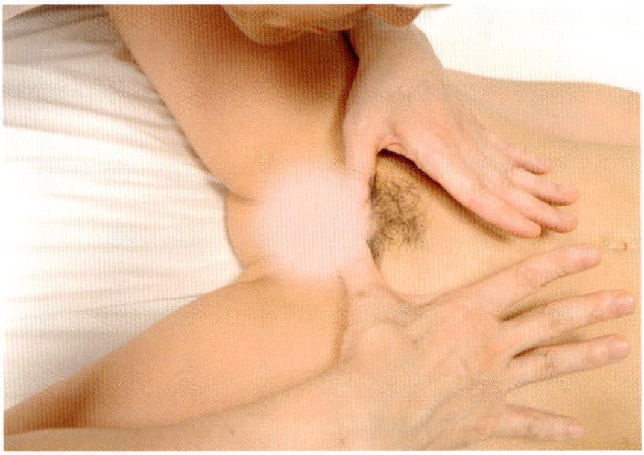

2 クリトリスの真横に親指を添える

クンニの極意は〝一点集中〟です。クンニの最中は愛の言葉も不要。片手でのクンニは不安定ですので、手を伸ばして乳首をつまみながらといった複合愛撫はとりあえずナシです。クンニのときは他の愛撫に浮気しない。両手を合わせクリトリスのすぐ真横にくるように、親指をあてがいます。

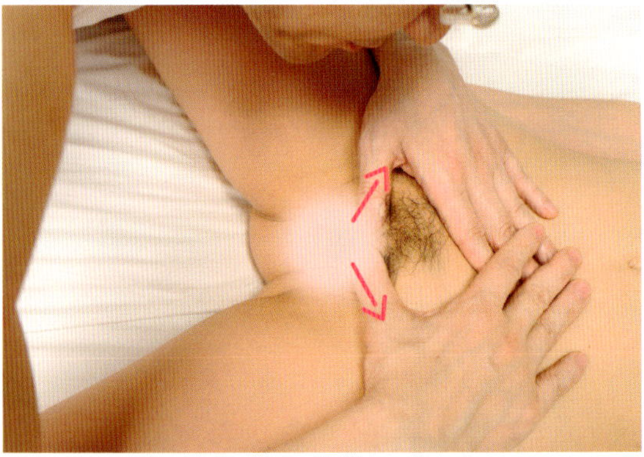

3 斜め45度に引き上げて露出させる

そのまま両の親指を開きながら、おへそ方向に斜め45度の角度で上げていきます。慣れるまでは一気に露出させようとはせず、まず両の親指を左右に開いてから、そのまま上にあげて皮を剥くというように、2段階に分けてクリトリスを露出させましょう。目で確認すること。

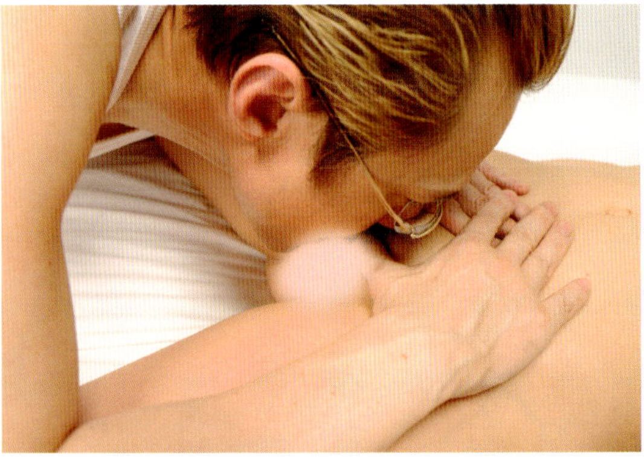

4 顔をうずめて舐めていく

クリトリスが露出したら、親指だけで固定しようとせずに、両手を三角形の形にして、手のひら全体を女性の肌に密着させて状態をキープしてください。ちゃんと目でクリトリスの位置を確認しながら、少しアゴを突き出すようなイメージで顔をうずめて舐めていきます。

舐めかた

舌先の力を抜いてやわらかくします。そのソフトな舌先のまま、クリトリスから舌先が離れない範囲で上下に動かしていきます。舌が硬くなったり、クリトリスから離れたりすると痛い場合があるので要注意。弾くような動きはご法度です。〝超ソフト〟なタッチ圧で〝超高速〟な動きを目指しましょう。疲れてきたら、上下から左右の動きに切り替えてください。〝上下7：左右3〟くらいのバランスがちょうどよいようです。

やめどき

いったんクンニを始めたら、必ず女性をイカせてあげるまでやめてはいけません。矛盾するようですが「イカせるクンニをする」ということとは違います。イキそうになるギリギリの快感をどれだけ長時間与えられるかで、絶頂を迎えたときの高さが決まります。最初は無反応だった相手が少しずつ快感をカラダに溜めていき、最後に大爆発するまで、的確な愛撫を粛々《しゅくしゅく》と続けることこそ、真の〝男らしさ〟なのです。

クンニリターン

膣内ではイケないという女性でも、クリトリスならイケる方がほとんどです。一度ならず何度も絶頂を迎える女性もいます。しかし、セックスはスポーツではありません。無理に何度もイカせなくてもいいでしょう。ここでクンニの裏技です。ひと通り交接を楽しんだあと、射精する前にペニスを一度抜いて、再度クンニをしてみてください。不思議なことに交接前より感度がグンと上がっているはずです。悦《よろこ》ばれますよ。

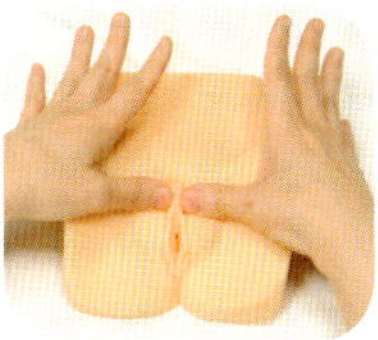

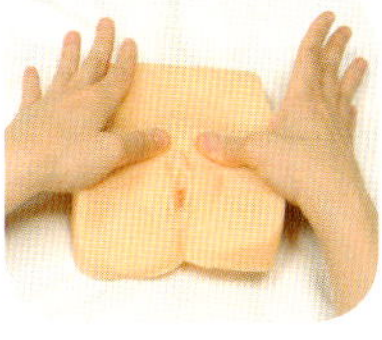

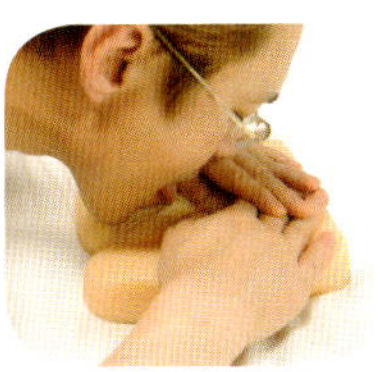

第3章

三大絶叫スポットを愛撫しつくす

これから愛撫法を紹介するGスポット、AGスポット、Tスポットは、そのあまりに高い女性の官能ぶりにド肝を抜かれるような超高感度な性感帯です。しかし、前もって言っておきますが、これらのスポットは、クリトリス愛撫のように長時間するわけではありません。刺激が強烈でカラダに負担もかかる場所ですので、女性が絶叫疲れしないうちに、短時間で切り上げるのが最良。ではなぜ、そんな短時間の愛撫なのに、これだけページを割こうとするのか？　それは巷《ちまた》で言われているGスポットなどがあまりに間違いだらけ、カン違いのオンパレードだからです。正しい知識をあなたに！

三大絶頂スポットの基礎知識

有名なGスポットは、指をほぼ直角に折り曲げなければけっして当たらないことは、ご説明しました。直角に折れ曲がったペニスでもなければ、「バックで入れながら、Gスポットでヒーヒー言わせた」なんて不可能なのです。これに代表されるように、世間で言われている膣内への愛撫法のほとんどが、男性の妄想からくるカン違いです。

さらに、〝潮吹《しおふ》き〟という男性の自己満足的な愛撫で、多くの女性が傷つけられ

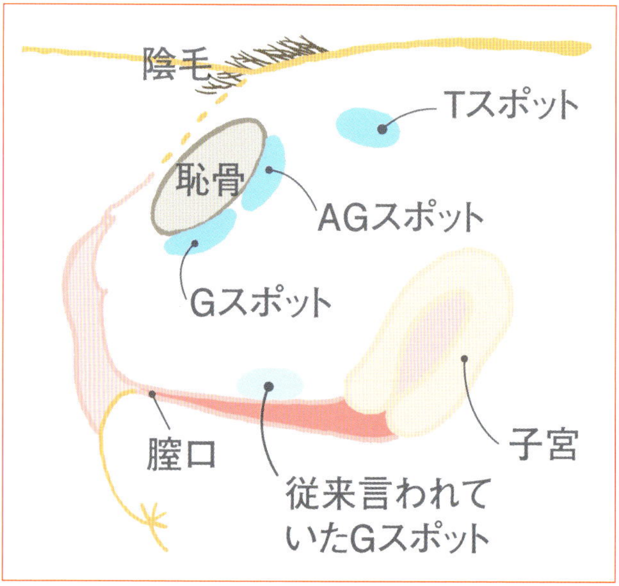

位置を把握しよう

仰向けの女性に、手のひらを上に向けて人差し指と中指を、膣に平行にゆっくりと挿入します。指が根元まで入ったら、指の第二関節を直角に曲げて指腹を押しあてます。このとき指腹にあたっている場所がGスポット。その1.5㎝奥がAGスポット、膣壁奥の突きあたりがTスポットです。

ています。いまだに男性には「潮を吹いたらエクスタシーに至った証拠だ」と思っている方がたくさんいるのです。イカせたという実感ほしさに、AV男優のマネをして、膣《ちつ》の中に指を突っ込み、掻《か》き出すように膣壁を擦《こす》って、愛する女性の潮を吹かせようと躍起になる。そして、そんな男性をパートナーに持った女性たちが私のスクールに駆け込んできては、「無理やり潮を吹かそうとするので、膣が痛くて本当につらい」と嘆くのです。

潮吹き自体は否定しません。というか、それはただの現象であり、体質の違いでしかありません。私は1000人以上の女性とセックスをしてきましたので、途中で潮を吹かれた方もそれなりの数にのぼります。しかし、そんな女性たちの感想は、「潮を吹くことと絶頂を迎えることとは無関係」「潮を吹くのをコントロールできないのがつらい」「潮吹き体質であることをうれしいとは思わない」というものなのです。これだけ私が口を酸《す》っぱくして言うのも、これから膣内を愛撫しようというあなたに、こんな不毛な〝潮吹き幻想〟とはきっぱり手を切ってほしいからです。よろしいでしょうか?

愛撫中、膣内はこうなる

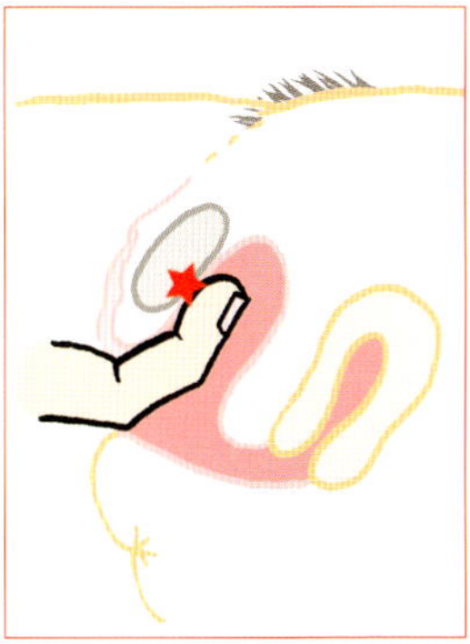

Gスポット

膣は空気が抜けた風船のような状態ですので、指が挿入されるとその形に合わせて、膣壁も収縮し形状を変えていきます。

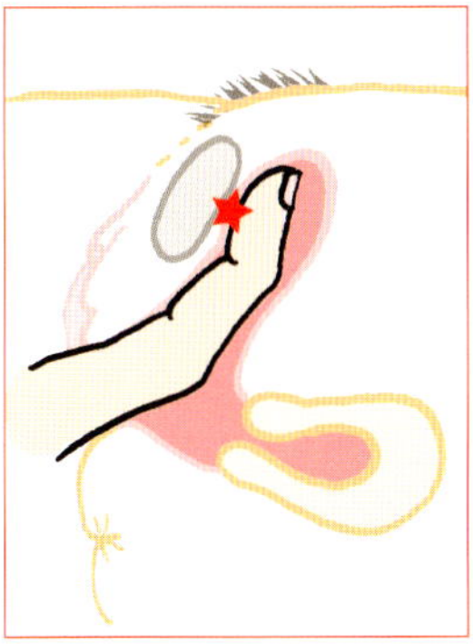

AGスポット

1.5cm奥に伸ばせば、膣もそれに合わせて伸びます。AGスポットはGスポットの3倍以上は気持ちいいとされる場所です。

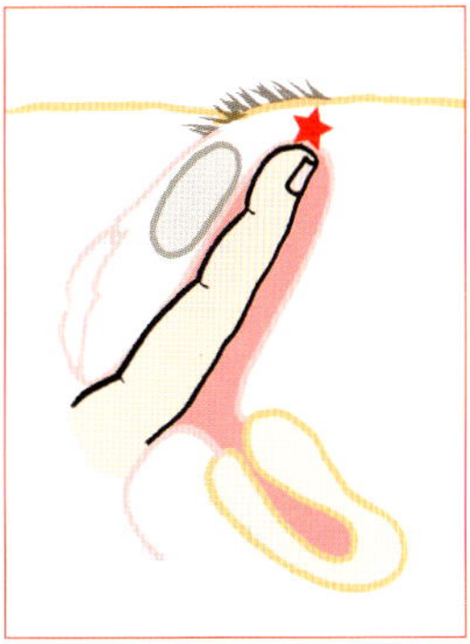

Tスポット

そのAGスポットのさらに上をいく超絶スポットがココ。比較的簡単なテクニックでも、女性の快感は最大級という場所です。

Gスポット愛撫のしかた

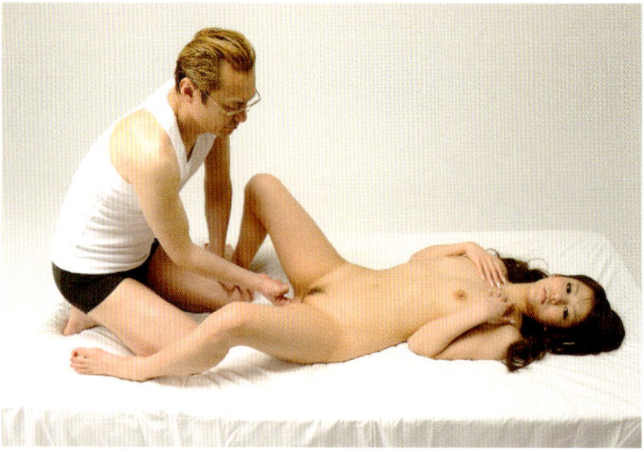

1 正しいポジションをとる

Gスポットの正確な位置を知る男性はほとんどいません。ましてや、その正しい愛撫法ができるという男性は限りなく皆無です。愛する女性を感じさせてあげたい気持ちを正しいテクニックに変えて、二人の愛を高めください。仰向けの女性の脚をややM字型に開き、その両脚の間にひざまずくように座ります。

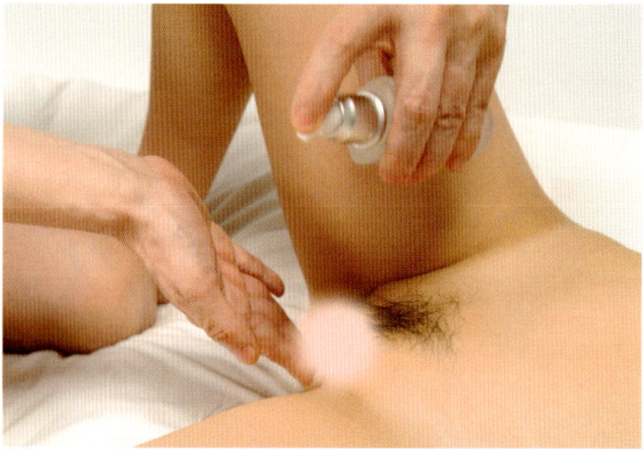

2 オイルで濡らす

陰唇や膣口の濡《ぬ》れが足りないと、女性は切られるような痛みを感じてしまいます。膣の中も同様です。相手の女性がよほど自然に濡れていない限り、マッサージオイルを使用しましょう。一度痛い思いをさせてしまうと、気持ちにガードがかかってしまい、その後の愛撫にも官能できなくなる恐れがあります。

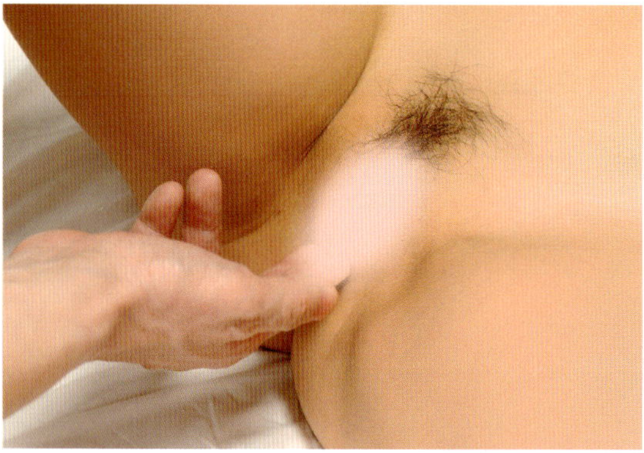

3 膣口に指をあてる

指をあてるだけで、まだ入れてはいけません。右の手のひらを上にした状態で中指と人差し指の2本の指先を、触れるか触れないかという軽いタッチでそっとあててるだけ。「ここを愛撫していくからね」ということを伝えるあいさつ感覚です。膣はデリケートな場所です。爪は手入れし、清潔にしておくこと。

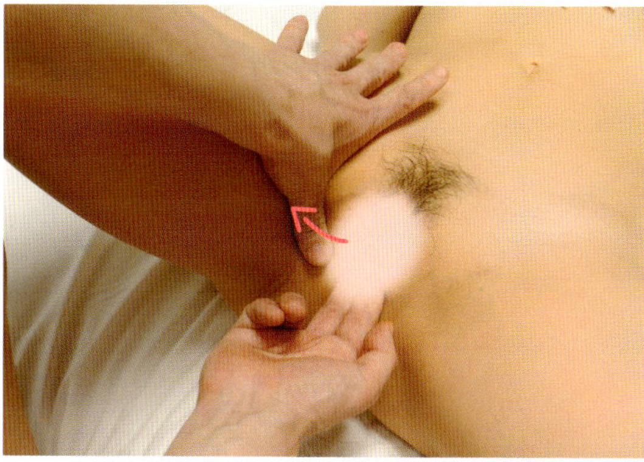

4 左手で膣口を広げる

膣口に右手の指を軽くあてたまま、左手の親指を膣口の右真横にあてがい、右に引っ張って膣口を広げます。広げるのは小陰唇ではなく、あくまで膣口であることを意識しましょう。この時点で痛いという女性ならば、一度右手を離して、左手だけで膣口をやわらかくマッサージするように広げていきます。無理は禁物です。

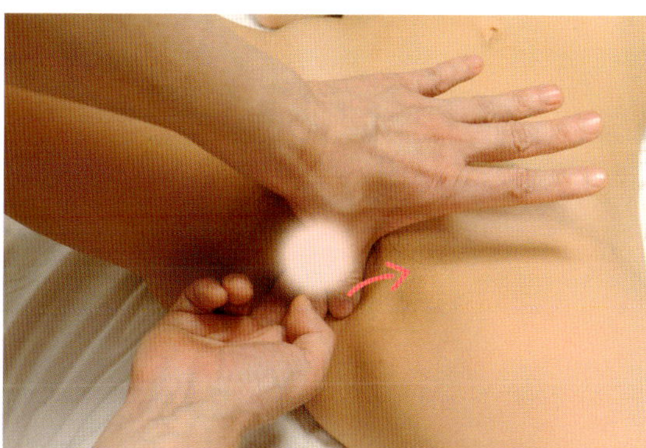

5 1cm刻みで挿入していく

次に親指を今度は膣口の左真横にあてがい、左に引っ張って膣口を広げます。また右を引っ張る。これをゆったりと何度も繰り返しながら、膣口が完全にゆるんだ感触を得てから、少しずつ右手の2本の指を挿入していってください。挿入するときも、左手で膣口を広げるのに合わせて、数ミリ単位で徐々に入れていくこと。

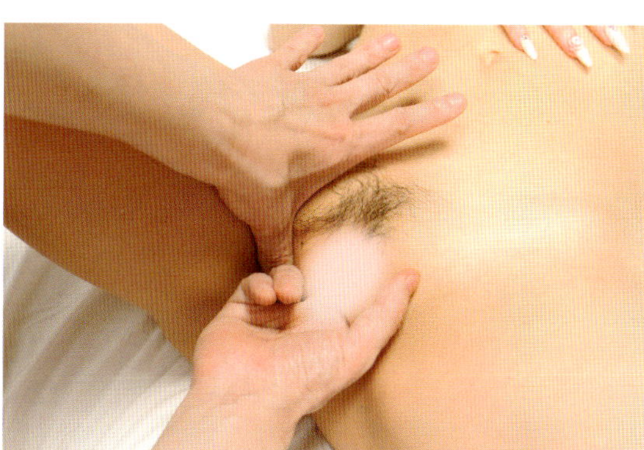

6 ドリル式は絶対NG

最終的に指の付け根の部分まで完全に挿入していきます。男性の中には指をクルクル回しながらドリルのようにねじ込ませる方もいますが、絶対にNGです。女性に恐怖心を与え、緊張を高めさせてしまいます。そうなるとよけい、膣口は硬くなってしまい、それでまた痛くなるという悪循環になりかねません。

指の動かしかた

指先が根元まで入ったら、指の第２関節を直角に折り曲げます。そのまま恥骨に指腹を軽く押し当てた部分がGスポットです。指腹でGスポットをグッと圧してパッと離すを高速で繰り返し、恥骨に〝圧迫と振動〟を発生させます。第2関節を支点に3〜4㎝間隔で指先を振幅させてください。力まないよう注意しましょう。

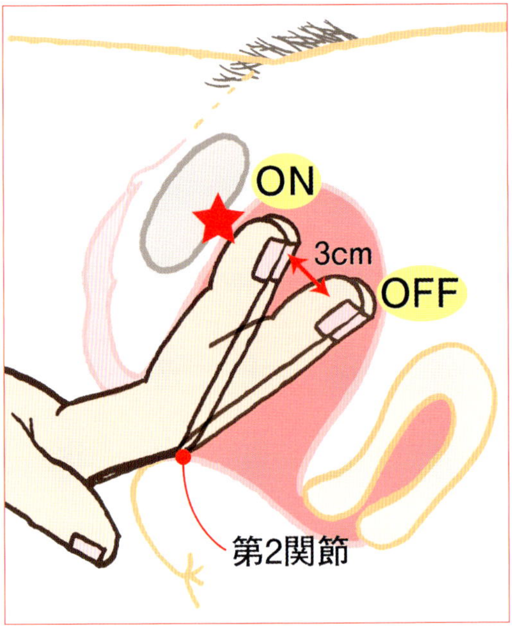

やめどき

強烈な刺激ですので、やりすぎると「気持ちいい」を通り越して「苦しい」となってしまいます。女性により個人差はありますが、10秒ほど愛撫したら指の動きを止め休憩し、また10秒ほど刺激を加えるということを繰り返します。慣れないうちは一度刺激したら終了するほうが得策。絶叫スポット愛撫の場合、「もう少ししてほしい」と思われるのはOKですが、「苦しいからもう結構」と思われないようにしましょう。

こんなときは

過去の性交痛やトラウマ、膣口が硬いという悩みを抱えた女性が相手でしたら、まず膣口バイブレーションで、心身ともに女性を緊張から解放してあげてください。Gスポット愛撫と同じ要領でゆっくりと指を挿入していきますが、指は中指１本です。根元まで入ったら、指や手は動かさず、手首だけを小刻みに振動させて、膣口に心地よいマッサージを施していきます。やさしい褒《ほ》め言葉をかけながら行ないましょう。

AGスポット愛撫のしかた

1 ひじを下げたポジションに

経験した女性が「Gスポットの3倍は気持ちいい」と口をそろえるAGスポット。Gスポットの1.5cm奥に存在する第2の絶叫スポットです。Gスポット愛撫に連動して行ないます。Gスポット愛撫が終わったら、そのまま右ひじをゆっくりと下げながら、膣に入れた中指と人差し指の指腹を1.5cm奥に移動させてください。

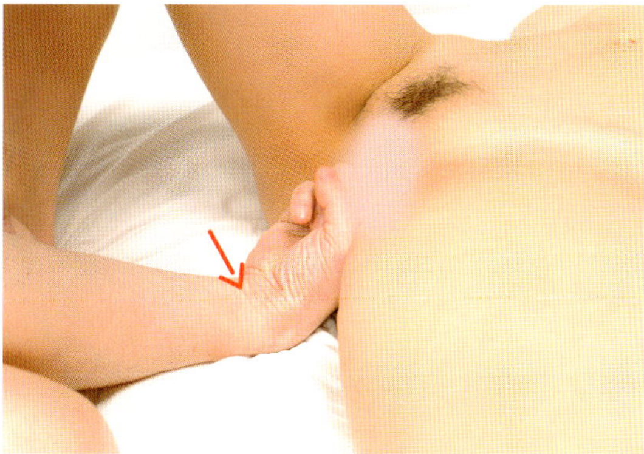

2 手首の角度の違いがポイント

指の挿入が深くなるので、それに合わせて右ひじを下げながら少し手前に出し、手首にも角度をつけて、膣口に指を下から入れる感じにしていきます。スクールの講習でもAGスポット愛撫を1回で習得する男性はほとんどいません。すぐできないからとあきらめずに、女性に負担のかからない範囲で、少しずつマスターしていきましょう。

指の動かしかた

愛撫はGスポットと同様、〝恥骨にバイブレーションをかけていく〟のが基本。2本の指腹でグッと圧してパッと離す〝オンオフ運動〟を高速で施します。AGスポットは奥になるため、指がほぼ伸びた状態になるので、第2関節ではなく第3関節を支点にして動かすこと。

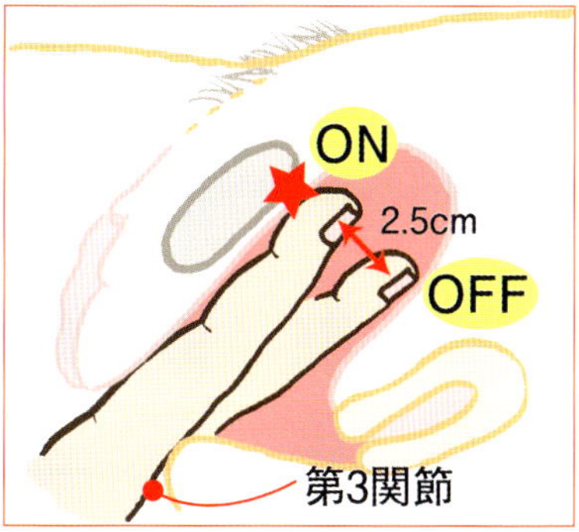

Tスポット愛撫のしかた

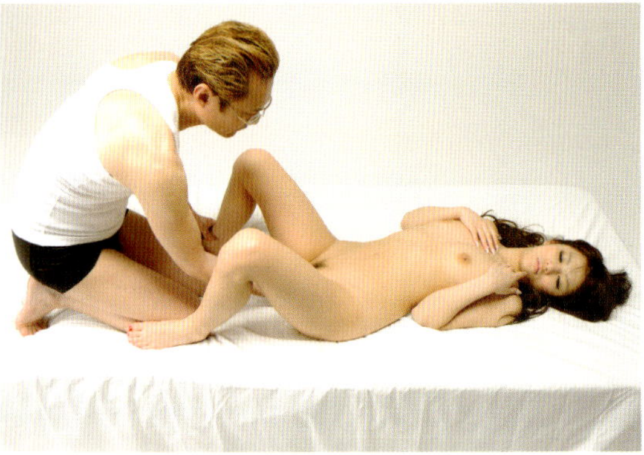

1 AGスポット愛撫のポジションから

Gスポット愛撫の研究過程で発見した、最強の膣内性感帯がTスポット。AGスポットよりも強力な超絶頂スポットなのに、G、AGスポットに比べ、愛撫方法は簡単という魔法のような場所。ただし爆発的な快感のため、G→AGという快感の階段を登ってから行なってください。Gスポット愛撫が終わったときの姿勢からスタートします。

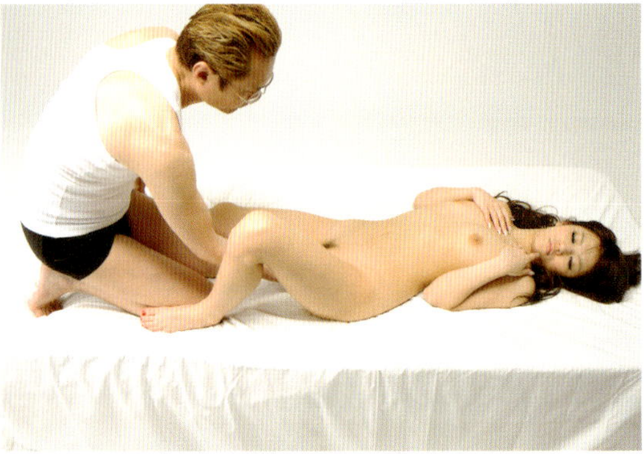

2 右脚をやさしく伸ばす

Gスポット愛撫と同じように、右手の中指と人差し指をそろえて、根元までしっかりと挿入します。改めて挿入する場合は、再度、左の親指で膣口を慎重に開きながら挿入してください。右手を安定させたら、女性の右脚をやさしく持って、ゆっくりと伸ばしてください。ここで乱暴に扱われると女性は冷めてしまいます。あくまでやさしく。

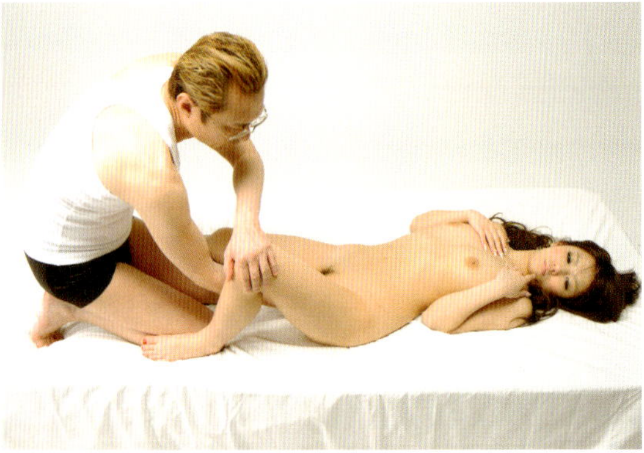

3 左ひざに手を添える

右手を固定したまま、左手で左ひざにやさしく手を添えます。Tスポットは指で女性に与える快感の最大級です。実際私は「一度も膣でイッたことがない」という女性をTスポットで何十人も天国へと導いてあげました。その反面、快感と苦痛が隣り合わせでもあります。G、AGスポットの快感に慣れるまで、無理は禁物ですよ。

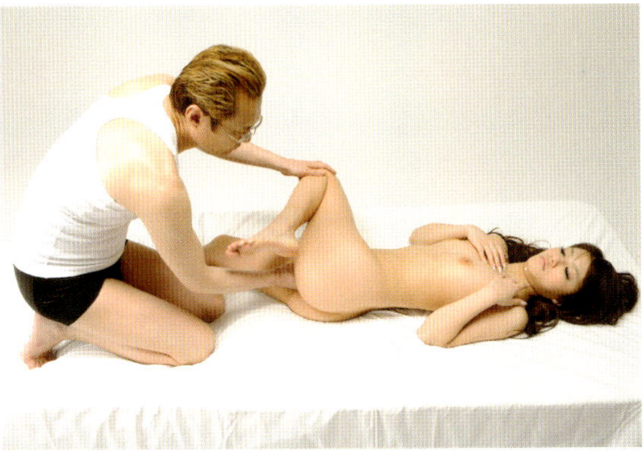

4 指先をTスポットにあてる

そのまま少しずつ、女性の左脚を倒しながら、2本指の指腹全体を恥骨に密着させた状態で、恥骨づたいに指を滑らせつつ、ゆっくりと膣の最深部まで挿入させていきます。徐々に手の形をピストル型にしていくのがポイントです。そして最深部までいったとき、2本の指先があたっているポイントがTスポットです。

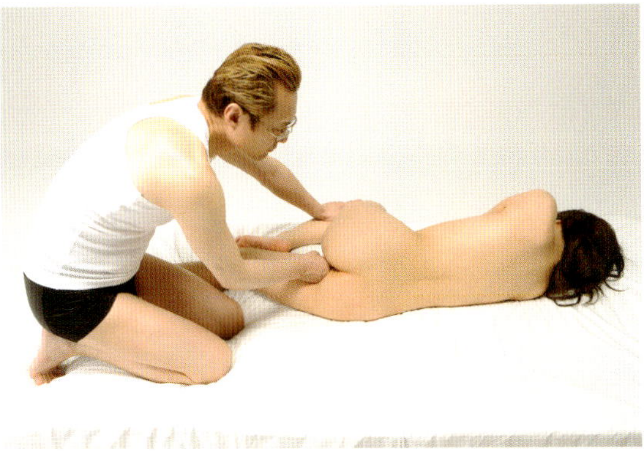

5 反時計回りに横向きにする

左脚を倒したら、その太ももを左手で抱えるようにして、女性のカラダを反時計回りに90度回転させてください。女性の左脚を直角に曲げてベッドに下ろし横向きに。男性にとって愛撫ではなくただの準備かもしれません。しかし、女性にとってはつねに愛撫のうち。ここでやさしくしない男性はNGです!

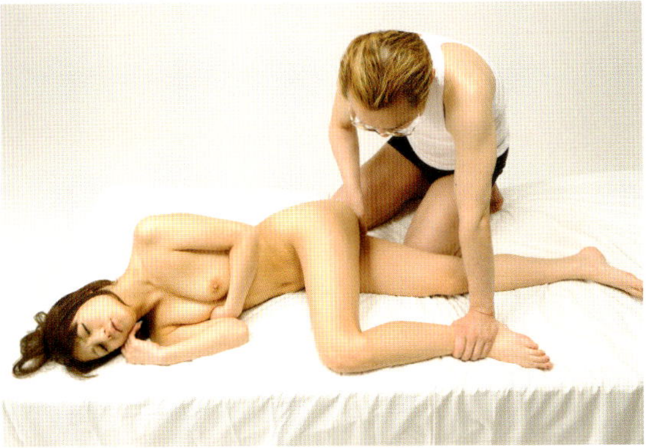

6 左足首を軽く握って固定する

女性のカラダを横向きにしても、まだ上半身は中途半端に、左腕が倒れていない場合もあります。体勢に無理のないよう、上半身もしっかり横向きにしましょう。次に女性の左足首を左手で軽く握って、この状態で固定します。愛撫する2本の指は、しっかりとそろえて伸ばし、いわゆるピストル型にしてください。

指の動かしかた

ピストル型にした指先を〝Tスポットに押し当てたまま〟、前後に小刻《こきざ》みに動かして、膣壁に振動を与えていきます。膣を突くような格好ですが、ピストン運動とは別モノ。摩擦を発生させるのではなく、Tスポット部分を細かく揺らす、つまりバイブレーションをかけていくというイメージを持ってください。

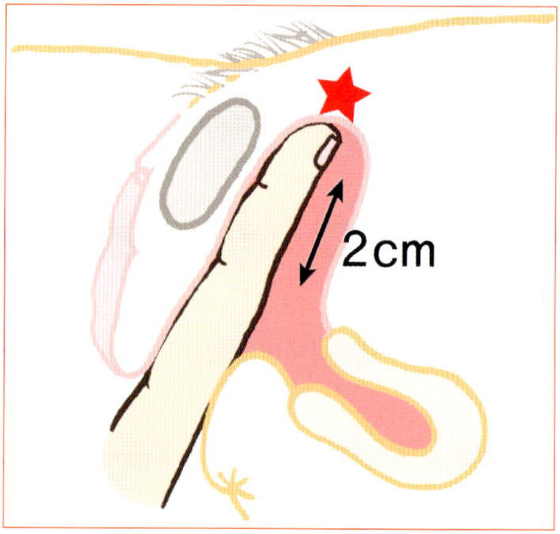

やめどき

TスポットはGスポットなどよりも簡単なうえに、コツさえつかめば初心者でも簡単に女性を絶叫アクメに導ける愛撫法です。それゆえに、「あぁぁぁぁーアギャー!　ウグェー!」と大絶叫する女性を目の当たりにした男性は、もっとその官能美を観たいと興奮し、冷静さを失う恐れがあります。イキ疲れしないように、短時間で切り上げてください。

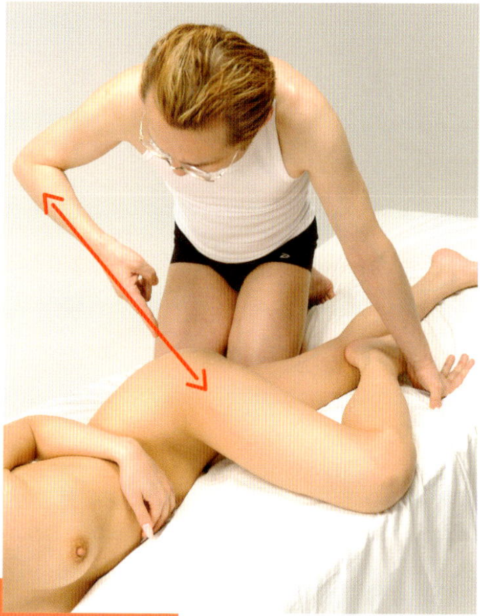

ONE POINT ADVICE

指、手の甲、前腕はつねに一直線となります

愛撫のポイントは手の形をピストル型にするという他にもうひとつ。指と手の甲、前腕、そして女性の太ももがつねに一直線になっていることを留意してください。また、実践中は女性はカラダをくねらせ、のたうち回ることもありますので、その動きに合わせて柔軟にひじを動かしてください。

月野りさ

Risa Tsukino

10月1日生まれ、東京都出身。身長158cm、B83cm、W62cm、H88cm。血液型B型。2008年『kawaii*新人デビュー→キラキラ★カワイイ♥　月野りさ』(kawaii*)にてAVデビュー。一躍人気となり、その後も多くのタイトルに出演するかたわら、雑誌のグラビアモデル、衛星放送番組のメインMCもつとめる。趣味は水泳と茶道。ブログは、http://blog.livedoor.jp/tsukino_risa/

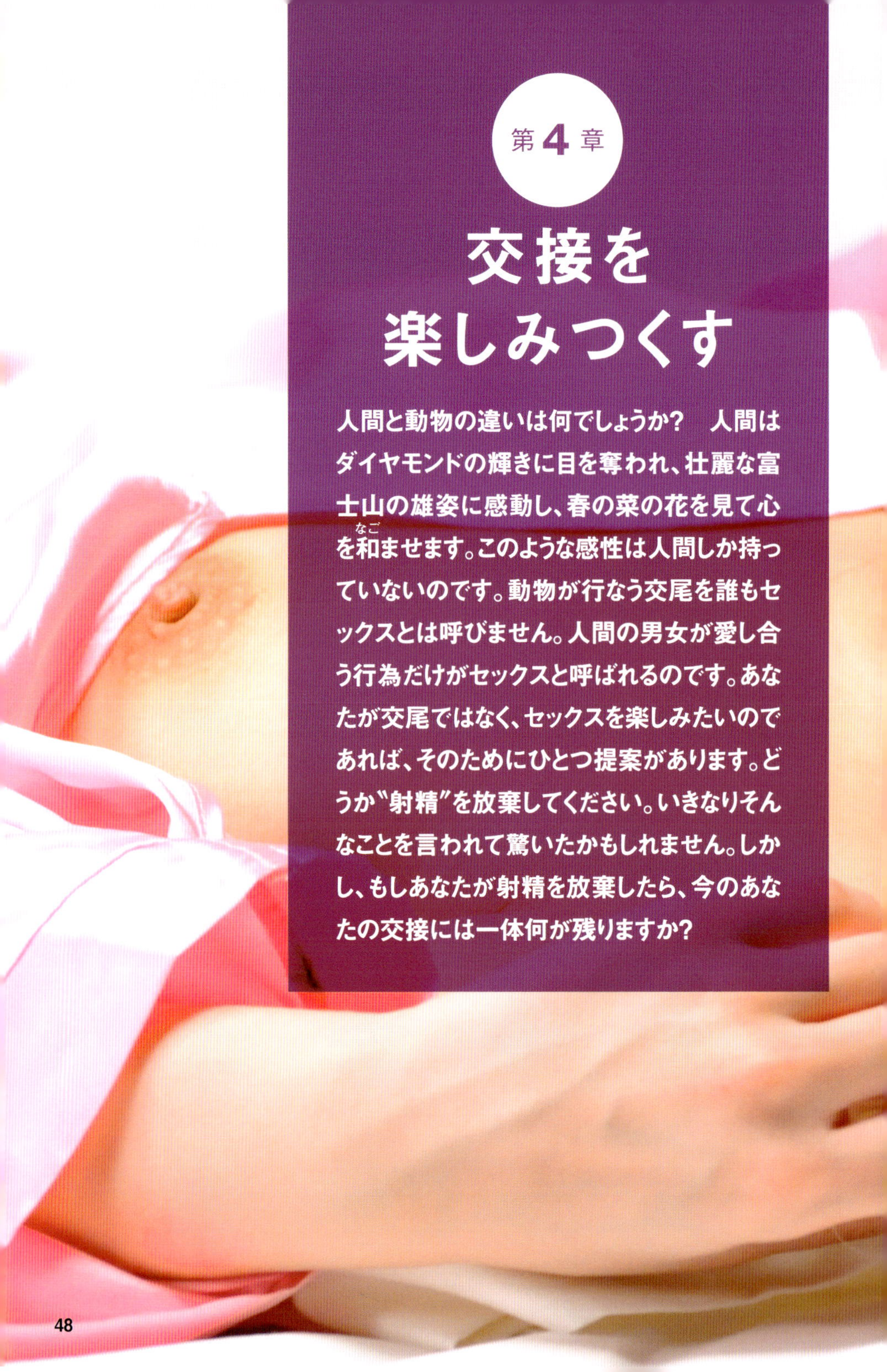

第4章

交接を楽しみつくす

人間と動物の違いは何でしょうか?　人間はダイヤモンドの輝きに目を奪われ、壮麗な富士山の雄姿に感動し、春の菜の花を見て心を和《なご》ませます。このような感性は人間しか持っていないのです。動物が行なう交尾を誰もセックスとは呼びません。人間の男女が愛し合う行為だけがセックスと呼ばれるのです。あなたが交尾ではなく、セックスを楽しみたいのであれば、そのためにひとつ提案があります。どうか〝射精〟を放棄してください。いきなりそんなことを言われて驚いたかもしれません。しかし、もしあなたが射精を放棄したら、今のあなたの交接には一体何が残りますか?

交接の基礎知識

みなさんがセックスをする理由は「気持ちいい」からです。では、世の中の男性たちはその「気持ちいい」を実際どれだけ享受《きょうじゅ》できているでしょうか。まだ、「もっと気持ちいいセックスがしたい!」と願っていながら、どうして実現できないのか?　それは、セックスをする〝目的〟が間違っているからです。ジャンクセックスと、私が提唱するスローセックスとの最大の違いとは、セックスをする目的の違いです。

ジャンクセックスにおけるセックスの第一目的は〝射精〟をすることです。「セックスなんだし、射精するのは当然じゃないか?」と思うでしょう。しかし、考えてみてください。男女の性を比べたとき、男性の射精は〝単純で低レベル〟であるのに対し、女性のオーガズムは〝複雑で高次元〟です。このまったく性質の異なる性がいかに融合してひとつになるか、それがセックスの醍醐味《だいごみ》であり、難しさでもあります。「男性は射精さえできればいい」と男性だけではなく女性まで思っている現状では、二つの性が融合できているとはとても思えません。

これは何も、女性だけが不幸なのではありません。女性が身をもてあますほどの官能に理性をかなぐり捨てて、あなたの目の前で狂おしく乱れるその美しさを見ることができないことは、男性にとっても大変に不幸なことなのです。交接《こうせつ》とは〝ペニスによる膣《ちつ》への愛撫〟とはすでに言いましたが、この交接こそ、射精することを忘れて、二人で「気持ちいい」を存分に味わいながら、ダンスをするようにさまざまな種類の快感を楽しんでいただきたい。生殖本能に毛の生えたような拙速《せっそく》なピストン運動一辺倒から卒業して、ゆとりのある〝圧迫と振動〟という運動に切り替えたとき、セックスで得られる真の悦《よろこ》びに目覚めるでしょう。

摩擦よりも圧迫と振動

激しいピストンであるほど感じるものだというのは間違い。交接が気持ちいいのは、摩擦ではありません。亀頭でグッと圧してパッと離す〝圧迫と振動〟のほうが断然気持ちいいのです。

体勢を変えるのが体位の目的ではない

体位を変えると言うと、すぐどんな体勢にしようかと考えます。カラダの位置を変えるのが目的ではありません。亀頭が膣壁に当たるポイントを変化させるためなのです。それを意識するだけで進歩します。

正常位はフィニッシュ専用

日本男性のほとんどは早漏《そうろう》の傾向がありますが、正常位一辺倒では当然です。射精しやすい正常位は最後の最後までとっておき、〝気持ちいいのにイキにくい〟体位で深くて高い官能を楽しんでください。

対面上体立位のしかた

利点と効果

スローセックスの醍醐味である、〝長時間交接〞のスタートにもっとも適した体位。この体位がすべての基本であり、男性は交接中、もし体位に迷ったらこの対面上体立位に戻り、気持ちを一度ニュートラルに戻すようにしましょう。男性の背筋が垂直に伸びることにより、自律神経が中立になり、射精を抑制してくれる効果があります。

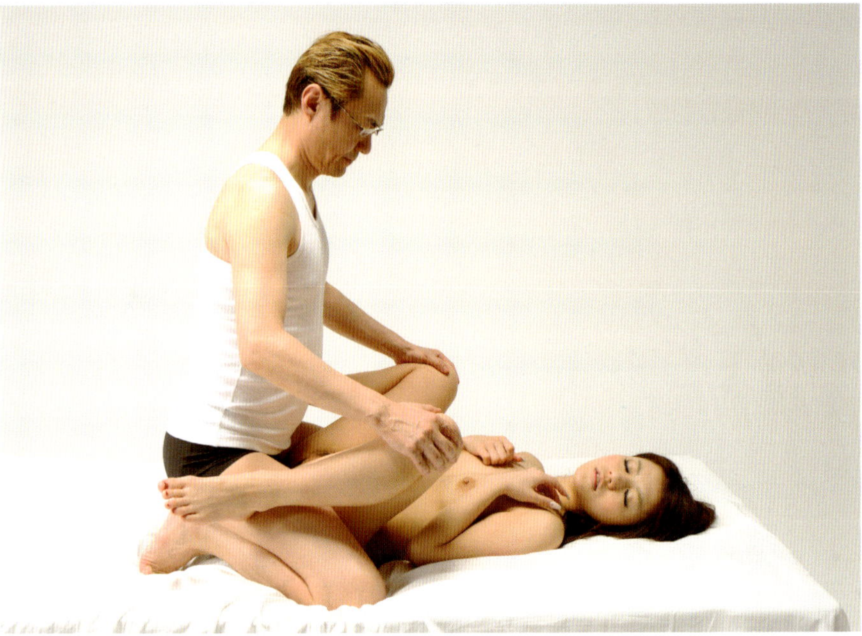

基本の姿勢

男性は、女性のひざを両手で軽く押さえた状態でピストンを行なっていきましょう。背筋をすっと伸ばし、鼻でしっかりと呼吸をしながら実践すると射精しづらくなります。激しいピストンは不要です。腰を振り子のようにユラユラと動かして、たまに小さくトントンと〝圧迫・振動〞をかけていく。女性が心から感じる動きかたです。

対面上体立位のバリエーション

カラダの位置を大胆に変えたからといって、体位を変えたことにはなりません。むしろちょっとした工夫で、亀頭が膣壁に当たるポイントを大きく変えて、相手の女性にそれまでとはまったく違う快感を与えることのほうが理想的なのです。このバリエーションに変化するだけでも効果は絶大。背筋を伸ばして実践してください。

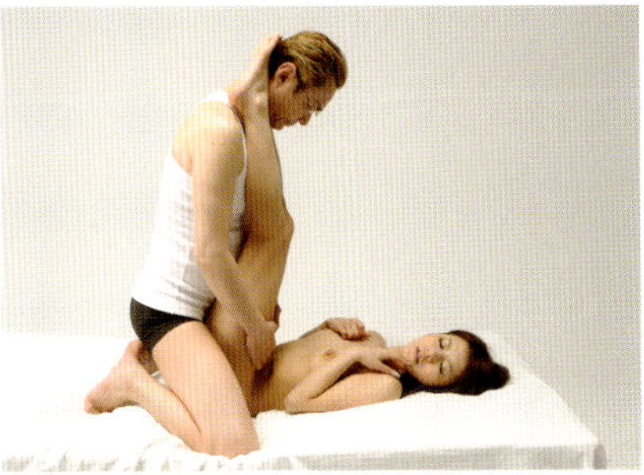

足肩かけ

膣壁の下部を刺激できます。女性の足が外れないように、足首をホールドするのもおすすめです。力を抜いてリラックスしてもらいましょう。

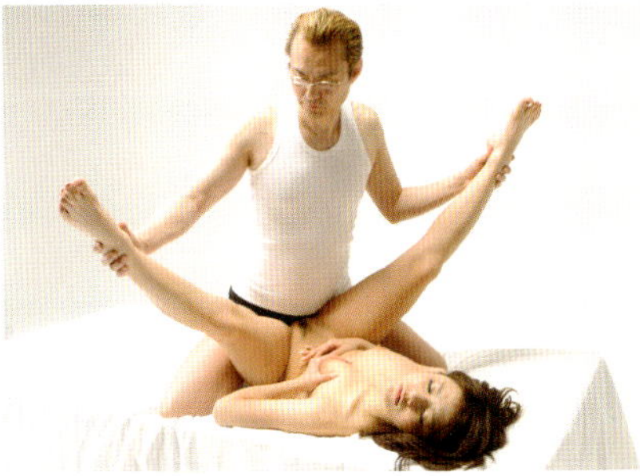

V字開脚

男性からは交接部分が丸見えになり、視覚的にも楽しめる体位。二人の秘めごとにこのようなSMチックな刺激もぜひ取り入れて見ましょう。

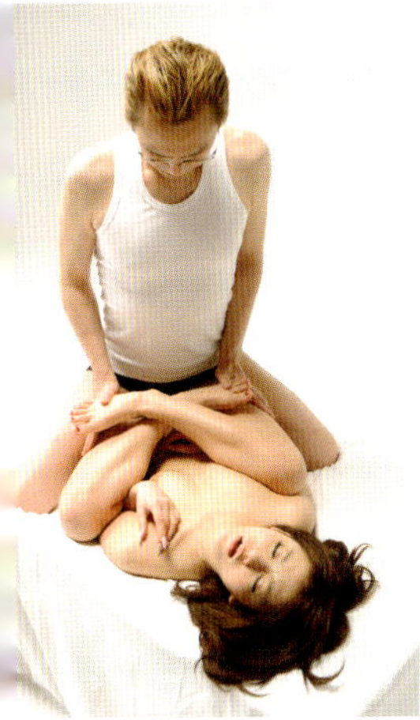

脚クロス

女性の脚をクロスさせあぐらをかいた状態にし、ひざか足の甲を押さえて体勢をキープします。ピストンは入れ切った状態でトントントンと振動させるのがベスト。膣の深い部分を刺激できる体位。

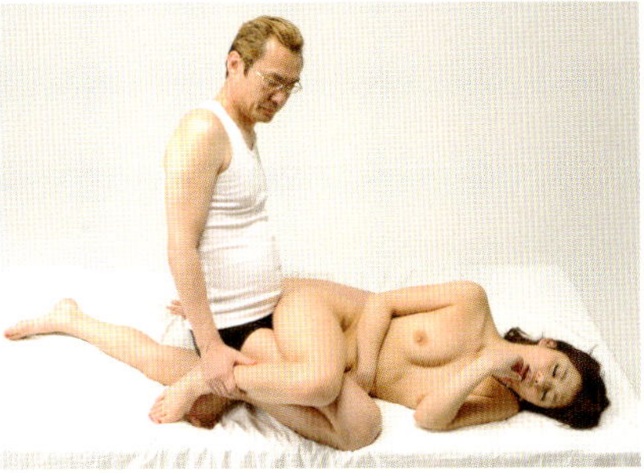

横向け

膣壁の側面をペニスで刺激できる体位です。膣は刺激される場所によって、違う快感になります。女性の足首を軽く押さえて、体勢をキープします。

座位のしかた

利点と効果

インドの性の経典である『カーマスートラ』では、座位がもっともスタンダードな体位、つまり正常位とされています。向き合った顔がすぐ近くにあるため、キスや愛の会話などを自由に楽しめる点で、女性からも大変人気の高い体位です。快感だけではなく、交接しながらも、愛のさまざまな要素を楽しむ悦びを実感してください。

基本の姿勢

基本は、男性があぐらをかいた上に女性を乗せて、しがみつかせるように挿入する、この脚屈対面座位。男性は自分の両脚を開閉して女性を上下に動かしたり、手で骨盤をリードしつつ女性の腰を前後にクイクイと動かしたりしながら、交接を楽しんでください。抱擁される安心感、キスなどで愛を確認できる悦びを与えてあげましょう。

座位のバリエーション

基本の座位でたっぷりとキスを交わし、ゆらゆらと快感を楽しんだら、今度は女性に後ろ手をついてもらい、バリエーションを展開してみましょう。上体を開くことで、男性も女性も自分たちの結合部分をみることができ、とても興奮できます。もちろん、亀頭が当たる膣壁のポイントも変わり、違う種類の快感を提供することもできます。

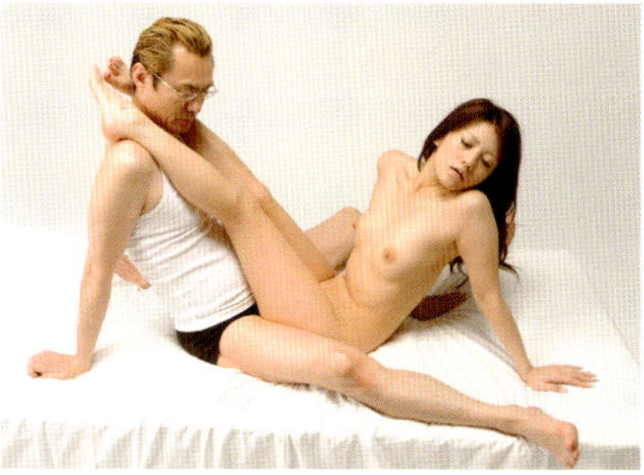

足肩かけ

後ろ手をついてもらい、両脚を肩にかけます。無理にピストンせずに、「入っているのが見えるよ」などとエロティックな会話を楽しみましょう。

腰抱え

女性は両手を後ろについて上体を傾け、男性は女性の腰を抱えて動きをサポートします。両手で腰を支えながら、乳首を舐めてあげるのもおすすめ。

上体開き

お互い完全に後ろ手をついて上体を開きます。二人の呼吸を合わせてクイックイッとリズミカルにピストン運動してみましょう。協力して行なう悦びを楽しもう。

ONE POINT ADVICE

座位の効果を上げる究極の技術とは?

女性の心とカラダは無形のラインで密接につながっています。そのことを如実に実感するのが座位です。ここでいちばん大切なテクニックとは"愛の会話"です。「きれいだよ」「大好きだよ」といった褒《ほ》め言葉はもちろん、「エッチだね」「卑猥だね」といった軽い言葉攻めもありです。すると女性の感度がグンと上がります。

騎乗位のしかた

利点と効果

男性主導の体位が多い中、女性が能動的かつ積極的に交接の悦びを手に入れられる体位。女性が自分で腰の動きを工夫しながら、快感の海に溺《おぼ》れていく様を見上げるだけで、男性の脳はクラクラになるでしょう。女性の中には騎乗位に苦手意識をもつ人も少なくありません。あなたの上手なリードで相手の性を解放してあげてください。

基本の体勢

女性が自分のひざを床につけた、オーソドックスなM脚対面騎乗位です。まずは小技は不要。気持ちいい部分を無心で探すように、思いのままに腰をこねくり回してもらいましょう。ポイントは女性が主導権を握るタイミング、動かしかた、そして女優としての演出力。演技は必要ありませんが、気持ちよさを表現するのは大賛成です。

腰の動かしかた

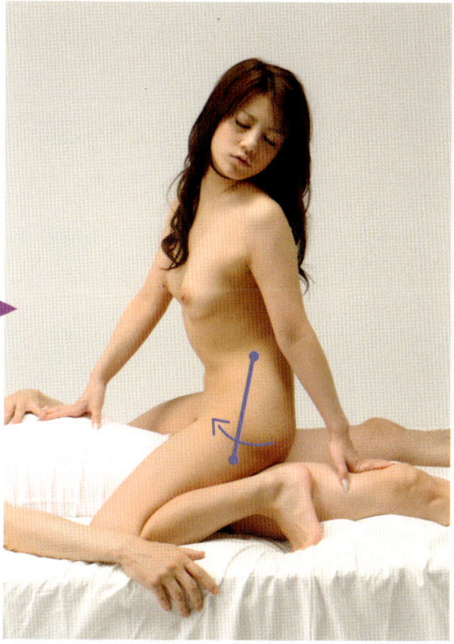

よく女性誌などでは、騎乗位になった女性が腰を上下にパコパコと動かしているイラストがありますが、これは誤解。男性に影響されて女性まで摩擦《まさつ》がいちばん感じると思っているようですが、騎乗位の気持ちよさとは、腰から下だけを振り子のように動かしたり、ローリングさせたりすることにより、ペニスの先と子宮頸部《けいぶ》がこねくり合わされる、これが快感になるのです。騎乗位でしか得られない快感です。すぐに疲れるピストンは徒労であると考えましょう。

ONE POINT ADVICE

女性の舞台演出が男性を天国に導く

男性の感度を三段跳びに上げてしまう秘密を教えましょう。騎乗位中の女性は、舞台の中央でスポットを浴びるダンスガールです。可憐《かれん》なメヌエットを踊ったと思ったら、一転、淫乱なメスの本能を剥き出しにしたり、女王サロメのごとく冷酷な視線で男性を見降ろしたり。恥ずかしがらずに、快感を全身で思い切り表現しましょう。

騎乗位のバリエーション

ピストンによる摩擦だけではなく、〝腰椎《ようつい》の2番、3番〟を前後左右にクイクイ、クネクネとこね回すその快感に気づくと、女性は俄然《がぜん》、騎乗位の虜《とりこ》になります。まさに膣の中が「あっちも、こっちも気持ちいい」という状態になるのです。騎乗位にもさまざまなバリエーションがありますから、二人でいろいろと試してみてください。

抱え

基本のスタイルから女性の上体を前に倒した状態。女性が上から腰をクイクイと前後させたり、男性が下から小刻みにピストンしたりと楽しめます。

M脚背面

基本スタイルから女性がくるりと背を向けた格好。腰の動かしかたは基本スタイルと一緒。女性の豊かなお尻のボリュームを股全体で実感できます。

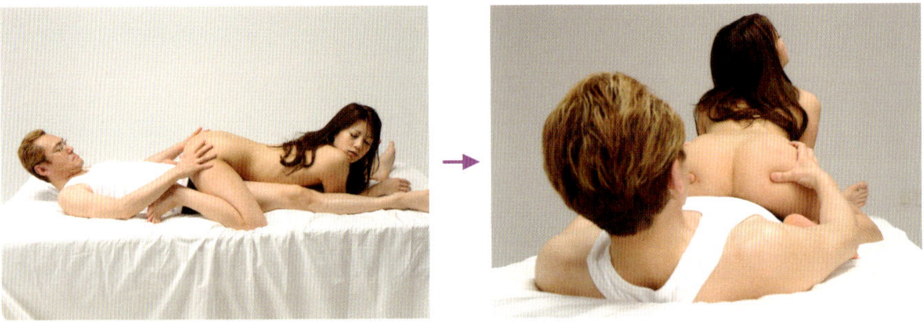

M脚背面前傾

M脚背面騎乗位から、そのまま女性が上体を倒したスタイル。女性は両腕を前について前傾になり、前後運動しながら交接。この体位がうれしいのは、男性からは女性のアナルが丸見えになる点。女性のお尻を両手でつかみ、アナルを全開にしちゃいましょう。女性にとっても恥ずかしさ、いやらしさにより、かなり興奮できます。

側位のしかた

利点と効果

側位は男性が女性の片脚を挟《はさ》むようにして交差させて挿入するスタイル。側位のいいところは、下腹部の密着面積が広く、密着度が高いこと。これは結合部分を通じて性エネルギー（性的な気のエネルギー）の交流が自然に行なえる良位なのです。一見、難しそうですが、やってみると意外に簡単です。二人のセックスに混ぜてください。

基本の姿勢

男性は女性の片脚を自分の両脚で挟み、ひじをついてください。ピストン運動はしにくくなりますが、それでまったく問題ありません。やさしく、でもいやらしく腰をク～イク～イと揺すりながら、熱いキスを交わしましょう。乳首吸いも効果的です。腕をアダムタッチしてあげると、その淡い快感が相乗効果となり、一段と官能できます。

側位のバリエーション

側位は、男性も横に寝る姿勢になるため体重を床に預けることができ、非常に安定感があります。中高齢者にも、とてもおすすめです。女性の反応を見ながら動きを調整したり、ペニスの角度を変えるためにバリエーションを持たせたりしてください。

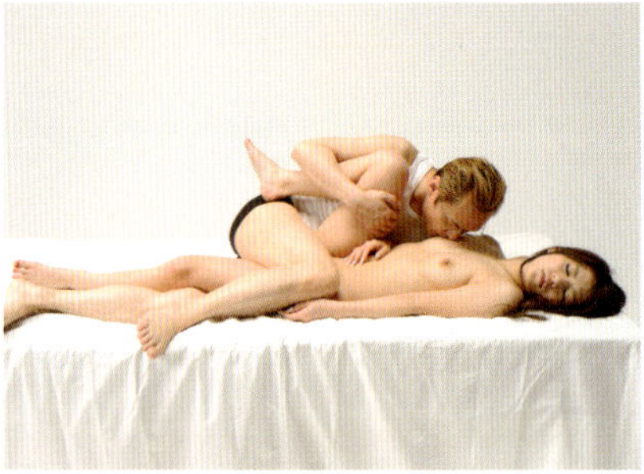

片ひざ抱え

基本の体勢から女性のひざを抱え込み、自分も横向きになります。腰が動かしやすい上に安定感があるので、ピストンに自由な強弱をつけられます。

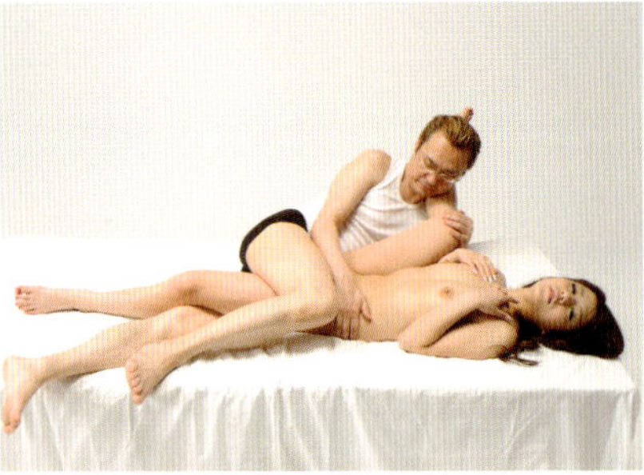

片足上げ

女性のM的な性質を揺さぶる体位です。女性の足首を持って高々と持ち上げましょう。しかし、カラダの硬い女性には不向きですので、無理は禁物。

正常位でのフィニッシュのしかた

正常位はすぐに射精へ突き進んでしまう〝射精位〟。逆にいえば、ラストの大爆発にこれほど適した体位はありません。長時間交接で満足した女性から「もうそろそろ、お願い♥」と懇願があったら、いよいよ正常位に移ります。ここで男性は気持ちにスイッチを入れてください。いままでの普通電車が準急になり、やがて特急になり、最後に新幹線になるように。射精の瞬間は雄のライオンのごとき「ウォォォォー!」という雄叫びをあげるべし。完全に満足させてから、猛々しく二人で大爆発する。これが真の男の強さです。

START

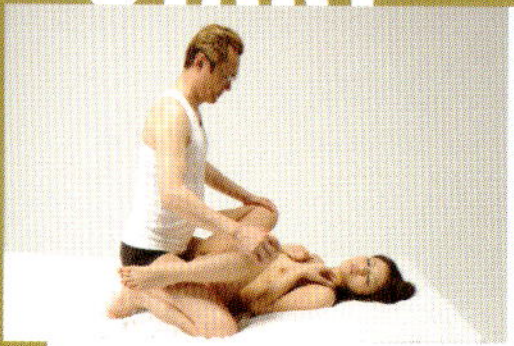

1 対面上体立位

自分の足を伸ばし女性を起こして後ろ手に。

2 腰抱え座位

女性をしがみつかせて、自分はあぐらを。

3 座位

寝そべって、女性はM脚にして腰を持つ。

4 騎乗位

そのまま女性だけクルリと背面にする。

5 M脚背面騎乗位

女性を前に屈ませて、アナルを鑑賞する。

6 M脚背面
前傾騎乗位

女性のみゆっくり反転させて、抱き合う。

15 足肩かけ
対面上体立位

両脚をクロスさせて上から足の甲を持つ。

16 脚クロス
対面上体立位

クロスを外しひざを押さえて安定させる。

基本体位による ローテーション

基本体位とバリエーションを覚えたら、チャレンジしてほしいのがこの〝体位のルービックキューブ展開〟。写真を見てください。これがなんと、たった一度も〝ペニスを抜かずに〟できるのです。慣れてくると、おもちゃのルービックキューブのように、男性のリードによって、無限のバリエーションを展開できるようになります。これを私と経験した女性たちはみな、

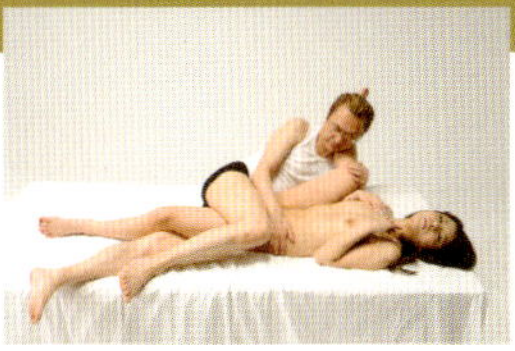

14 片足上げ側位

13 片ひざ抱え側位

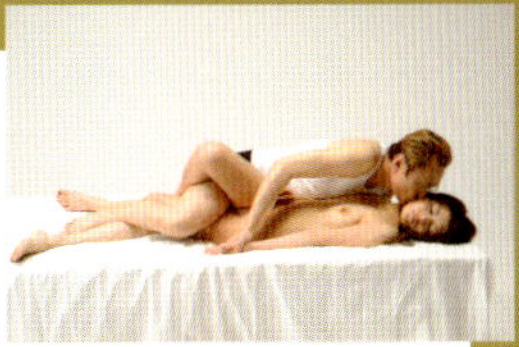

12 側位

自分の右脚を抜いて女性の両脚をかける。

股交差のまま開脚し首の後ろにかける。

女性の右脚を抱えながら乳首吸い。

女性の右脚を交差させつつ仰向けにする。

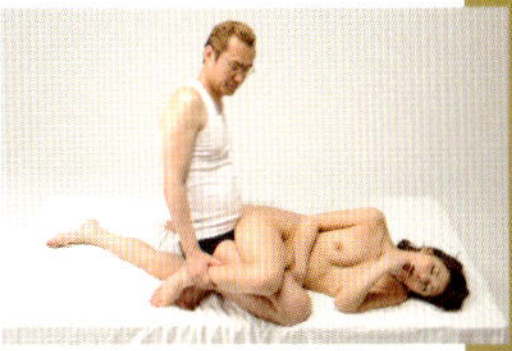

11 横向け対面上体立位

「あまりにスムーズで、今自分がどんな格好をしているのか分からなくなった」「体勢が変わるたびに、膣のあちこちから快感が洪水のように押し寄せてきた」「無我夢中で絶叫しっぱなしでした」と大好評です。ペニスを抜かないため、女性も気持ちが途切れず官能できます。これだけできれば、AVのようなアクロバティックな体位など必要ありません。ぜひ男性は実践の場で、愛し合う二人が一体となって官能のダンスを踊れるように、イメージトレーニングを繰り返しておいてください。

両ひざそろえ、カラダと一緒に横向きに。

10 V字開脚対面上体立位

女性の上体を起こし、足とカラダを開く。

女性の両足首を肩に乗せて安定させる。

上体を寝かせてから足首をつかみ開く。

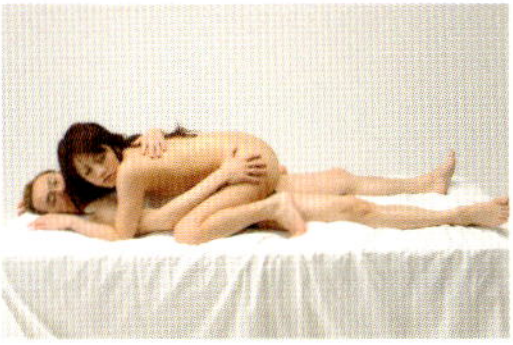

7 抱え騎乗位

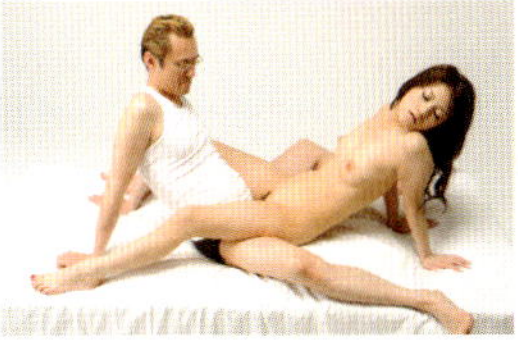

8 上体開き座位

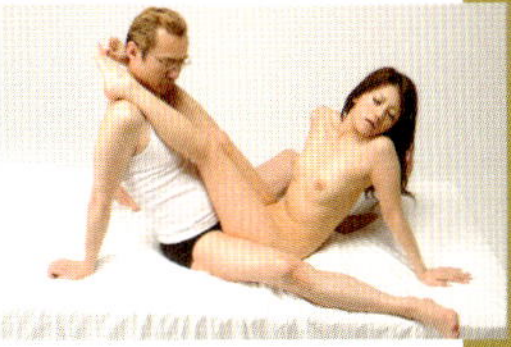

9 足肩かけ座位

STAFF

装丁・デザイン　**荒川晃久（Spray）**
動画撮影　**庄嶋與志秀**
スチール撮影　**平塚修二（日本文芸社）**
ヘアメイク　**塚田美奈子**
イラスト　**岡村透子**

企画・構成　**高橋尚**

DVDでわかる
アダム徳永《とくなが》のスローセックス
最高《さいこう》のエクスタシー術《じゅつ》

2010年５月30日　第1刷発行
2017年８月１日　第8刷発行

著者　**アダム徳永**
発行者　**中村　誠**
印刷所　**図書印刷株式会社**
製本所　**図書印刷株式会社**
発行所　**株式会社　日本文芸社**
〒101-8407　東京都千代田区神田神保町1-7
TEL 03-3294-8931（営業）03-3294-8920（編集）

Printed in Japan　112100520-112170719Ⓝ08
ISBN978-4-537-25761-8
URL　http://www.nihonbungeisha.co.jp/

編集担当　水波 康